Isabelle

La fille de l'aquarium

Laetitia van der Elst

La fille de l'aquarium

Presses de la Renaissance

Ouvrage réalisé
sous la direction éditoriale de Christophe RÉMOND
avec la collaboration de Jean-Luc ANGELIS

Si vous souhaitez être tenu(e)
au courant de nos publications,
envoyez vos nom et adresse, en citant ce livre,
aux Éditions des Presses de la Renaissance,
12, avenue d'Italie, 75013 Paris.
Et, pour le Canada,
à Interforum Canada inc.,
1055, bd René-Lévesque Est,
11e étage, bureau 1100,
H2L 4S5 Montréal, Québec.

Consultez notre site Internet :
www.presses-renaissance.com

ISBN 978.2.7509.0296.4

1

Prise au filet

Juin 1999. Bruxelles.

La nouvelle tombe : je suis malade. Gravement malade. D'une maladie dont on ne revient pas toujours. Mon cœur bat plus fort et pourtant je lui impose le rythme de ma danse. Je suis la cavalière sur un cheval fougueux dont je tente de ralentir le galop fou. Le galop dément.

Pourtant, quelque quarante-huit heures plus tôt ma vie coulait, plutôt insouciante. Plutôt heureuse. Je me regarde brièvement dans la glace, l'air hâve, les lèvres bleuies dans les reflets. Crier, pleurer, n'est pas mon langage. Incapable de réagir autrement, je m'accroche à ce que je connais : l'adaptation.

Vais-je mourir ? Vais-je vivre ? La question plâne au-dessus de ma tête. Si ma vie se joue à pile ou face, autant qu'elle choisisse le bon côté. Je suis convaincue que cette maladie n'est qu'une étape, une expérience de plus.

Quelques heures plus tôt, j'oscillais entre le vert et le jaune, sorte de caméléon perdu entre forêt et savane. Assise en tailleur, adossée au mur, je n'ai pas la force de rester debout. D'en bas, j'observe tous mes comparses étudiants qui étudient les tableaux de résultats, ceux de leurs années en ergothérapie. Les visages passent de l'anxiété à la joie ou parfois aussi au dépit. Diplômée avec succès, je n'ai pas l'énergie de partager l'allégresse de cette réussite avec eux. Je suis lasse, si lasse. Je tente de repartir incognito. Malgré mon camouflage et ma volonté de passer inaperçu, j'attire l'attention.

Une fois de plus, je laisse trace de mon passage. Avec mon rouleau de papier toilette à la main, je passe au mieux pour une originale. Mais voilà : depuis des mois mon nez coule. Depuis deux années même. Je ne me suis jamais autant mouchée qu'aujourd'hui, en ce matin de juin 1999. Que m'arrive-t-il donc ? Cette situation ne pourra pas durer éternellement. J'en ai bien conscience mais je vis au jour le jour. J'ai bien vu un médecin, mais il tenait plutôt du docteur Knock, et ses prescriptions se sont révélées inefficaces.

Pourtant, en cette fin d'année scolaire, je me trouve à un tournant de mon existence. Diplôme en poche, je suis désormais libre de bâtir ma vie comme je l'entends. J'ignore encore que mes rêves les plus fous seront anéantis dans quelques heures. Je vais être happée par un grand voyage. Un très étonnant voyage, d'ailleurs !

Poussée par mon entourage inquiet, par Frédéric, mon petit ami, j'ai pris un nouveau rendez-vous médical. Cette fois, chez un spécialiste.

Aujourd'hui donc, en ce 30 juin, malgré une journée bien chargée, ce rendez-vous a pris sa place dans mon calepin. Désormais ergothérapeute, je repars satisfaite de l'accomplissement de trois ans d'études. J'enchaîne avec ivresse divers travaux administratifs, nécessaires soit à la poursuite de mes études soit à mon enregistrement professionnel : je ne suis pas encore décidée. Jouissant d'un créneau libre d'une heure, je rends visite à ma sœur Fabienne, de dix ans mon aînée. Malgré cet écart, nous nourrissons une complicité unique, de celle qui se noue avec les cadets de famille. Et j'aime à la retrouver pour deviser de tout et de rien.

Fin de matinée, j'arrive enfin chez l'ORL. Une heure d'attente à éplucher des magazines, à essayer de m'intéresser aux diverses affiches et surtout à dormir pour récupérer : depuis des mois, le moindre effort me coûte. Chez Fabienne, tout à l'heure, les trois étages m'ont contrainte à m'asseoir toutes les cinq marches pour reprendre mon souffle. Cette faiblesse inhabituelle ne m'a pas vraiment alarmée.

Mon tour arrive enfin. Comme un cheval dont le maquignon admire les dents, je dois ouvrir la bouche. L'ORL observe ma gorge sans un mot. Je supporte ensuite, tant bien que mal, une endoscopie passant par les voies nasales. Après ces deux examens, le diagnostic tombe : angine doublée d'un gros rhume. Pourtant, ceci n'explique pas mon état de fatigue extrême. L'ORL veut comprendre quelle en est la cause et m'envoie effectuer une prise de sang au bout du couloir.

Deux jours plus tard, convoquée pour les résultats de la prise de sang, je revois le médecin. Ravie de l'efficacité de ses prescriptions, je me sens légère, aérienne, pour un peu je m'envolerais. Bien moins épuisée, je m'estime remise d'aplomb pour les vacances. Pourtant, l'air grave, l'œil soucieux, l'ORL m'annonce que ma prise de sang est mauvaise. Je ne prends pas tout de suite conscience de la portée de cette simple nouvelle. Et puis, qu'est-ce qu'une « mauvaise prise de sang » ? Je ne m'inquiète pas puisque je me sens mieux. L'ORL me remet une enveloppe avec inscrit dessus « – 1 F6 » :

— J'ai pris rendez-vous pour vous à la clinique Saint-Luc cet après-midi, à 14 heures. Vous y rencontrerez l'interne du professeur Zenatience. Elle est prévenue et vous attend.

— Cet après-midi ? Je pars en vacances tout à l'heure en Bretagne avec ma sœur. En plus, toute ma famille nous y attend. Je peux bien y aller dans une semaine, à mon retour !

— Non. Vous devez aller à Saint-Luc et les spécialistes vous autoriseront à partir ou non.

Ce bref échange, ferme mais diplomate, suffit à me convaincre. Je préviens ma sœur Fabienne que notre départ risque d'être retardé de quelques heures.

— Rien de grave au moins ?

Sa voix trahit plus de curiosité que d'angoisse.

— Non, je dois juste aller à Saint-Luc à 14 heures. Je te rappelle plus tard. Ne t'inquiète pas, on se retrouve bientôt.

Je repasse chez moi en vitesse et me rassasie d'une ridicule assiette de pâtes. Mon estomac n'en vient pas à bout malgré cinq ou six bouchées. Je suis d'ailleurs surprise de manger autant ! Si je compare les mois passés où je me suis contentée de régime aux portions miniatures, j'ai plutôt festoyé aujourd'hui. Mais à la vérité je ne me nourris plus assez ; pourtant, ce symptôme non plus ne m'alarme pas.

Enfin, la clinique Saint-Luc – où je me vois gentiment déposée par Jehan, mon colocataire et, avant tout, ami. Il propose de m'attendre, mais je ne veux pas le monopoliser. J'en ai pour deux heures tout au plus, je rentrerai en métro. Désormais, une seule chose compte : trouver le fameux département F6, au niveau – 1, dans le labyrinthe de cet énorme bâtiment gris. Telle Ariane, je triomphe du dédale des couloirs ; enfin je me trouve devant Valérie : l'interne qui m'attend.

Sans un mot, je lui tends l'enveloppe. Les yeux attentifs, le teint blafard sous les néons, elle la parcourt rapidement et, sans tarder, elle me remet entre les mains des infirmières pour une nouvelle prise de sang. Épuisée, je n'ai qu'un souhait : faire une sieste. Un lit et une heure de répit me sont accordés. Les premiers résultats tombent sous forme d'une liste de chiffres en face d'abréviations incompréhensibles à mes yeux. Ils s'avèrent insuffisants pour établir un diagnostic. Une ponction de moelle est nécessaire pour définir précisément l'origine de ces résultats sanguins anormaux.

L'infirmière qui s'occupe de moi affiche un sourire d'ange. Sur ordre de l'interne Valérie, elle part préparer le matériel adéquat. Quelques instants plus tard, elle m'assoit sur le lit. Comme une gamine désœuvrée, je balance mes jambes dans le vide alors qu'elle tend, pour l'anesthésie local, des instruments aux formes étranges dont Jules Verne n'aurait pas rêvé l'équivalent. Après quelques minutes d'attente, le terrain pour la ponction dans l'os iliaque, os du bassin, est prêt. Le trocart, cette grosse aiguille creuse, pénètre les différentes couches pour arriver jusqu'à la moelle. Je sens tout sans en souffrir. J'analyse avec minutie le passage d'une couche à l'autre et enregistre tout dans mon esprit. Mais lorsque l'aspiration est engagée, je perds les pédales. Ma vue se brouille, mes oreilles bourdonnent, tout tourne autour de moi. Je commente à voix haute ce qui m'arrive et souris de ces sensations jusqu'alors inconnues. L'infirmière part chercher un sphygmo tensiomètre alors que je suis forcée de m'allonger.

— Que se passe-t-il ?

— Ça va, c'est fini. Vous avez manqué de vous évanouir, commente l'infirmière sans se départir de son sourire.

De nature curieuse, j'ai besoin de savoir. Comprendre les étapes du parcours qui m'attend m'intéresse au plus haut point. Mon côté pragmatique se révèle à ce genre de détails et peut-être me sauve-t-il d'une morne résignation. Je questionne :

— La prise de sang laisse l'opportunité entre quoi et quoi ?

— Vous concernant, deux pathologies sont envisageables : une avitaminose ou une leucémie.

— C'est bien beau, ces deux mots, mais ils engagent à quoi ?

— L'avitaminose – quand l'estomac n'absorbe plus les vitamines – signifie des piqûres à vie ; quant à la leucémie, trois périodes de chimiothérapie d'une durée de quatre à six semaines entrecoupées de deux semaines de sortie.

Candide, je me dis que je préfère une leucémie, c'est plus court. Je statue sur six mois pour la leucémie. Les piqûres à vie, elles, me tentent moins. J'ignore tout des dangers de la leucémie et je ne raisonne qu'en termes de contraintes et de temps. De toute façon, je verrai bien et je prendrai ce qui sera à prendre. Qu'il faille avancer avec des difficultés ne m'effraie pas plus que ça.

Pour l'instant, je profite d'une heure de sieste en plus. Toutefois, suite à la demande médicale, je rappelle ma sœur Fabienne et je la prie de me rejoindre à la clinique. Je ne voulais pas la déranger mais l'interne a insisté pour que quelqu'un de ma famille vienne. Pourquoi faire bouger la terre entière ? Pas besoin de stresser ! Sur ce, je sombre à nouveau.

Fabienne arrive à mon chevet. À l'accueil, Gisèle lui a fourni des explications. Peu après, l'interne revient. Avec beaucoup de simplicité, elle m'annonce le résultat de l'analyse de la moelle :

— C'est une leucémie. Vous vous en doutiez ?

— Oui.

J'accueille ces mots, satisfaite. J'avais choisi la leucémie tout à l'heure car elle est moins longue à traiter : six mois au total. Je regarde Fabienne et je vois son visage soudain teinté de l'ébène de l'angoisse plonger dans le mien. Elle se met à pleurer et je l'accompagne sans pouvoir me retenir. Oui, ce diagnostic signifie que nous n'aurons pas de vacances ensemble. Changement de programme ! Moi qui hésitais dans mes choix à venir, je n'ai plus à me poser de questions. Un seul mot a suffi pour faire prendre à ma vie un nouveau virage. Mais je suis prête pour cette aventure.

Pas le temps de s'éterniser à pleurer, il faut agir. Du concret ! Le pratique me rappelle à l'ordre. Peut-être est-ce un moyen de me protéger. Il faut prévenir Henri, notre frère, que nous devions récupérer en chemin à Paris, après son travail. Puis il y a tous les autres, déjà en Bretagne. Cette réaction est-elle l'engagement d'une lutte contre la maladie ? Je ne réfléchis pas. J'agis par instinct. L'action me comble. Je reste qui je suis : Laetitia ! La leucémie ne me change pas. C'est un cri du cœur. Un cri de ma chair tout entière.

N'étant pas autorisée à sortir même temporairement de la clinique, il revient à Fabienne de prévenir tout le monde, en commençant par le plus urgent : notre pauvre Henri. Nous nous concertons avec un sang-froid étonnant. Il nous faut un plan pour ne pas affoler la famille. Je ne veux pas gâcher les vacances des autres. Depuis des années nous ne nous sommes pas réunis en famille, et mon état n'exige pas de changement : une leucémie, ce n'est pas la fin du monde, quand même. Oui, leucémique ou non, je reste la même avec les mêmes envies, le même goût de vivre. Je suis juste enfermée une première fois pour quatre à six semaines. Dire que je pensais rester deux heures tout au plus…

Anticipant la réaction des uns et des autres, je demande à Fabienne de ne prévenir que mon père. Connaissant ma mère, elle sautera dans le premier train pour me rejoindre. Or, de nature plutôt indépendante, je ne veux pas être maternée tout comme je ne souhaite pas que ma mère souffre de ma situation. Fabienne dira aux autres que je dois passer de nouveaux examens et qu'on ne sait pas combien de temps cela prendra, c'est pourquoi elle reste auprès de moi. Ce pieux mensonge ira bien pour quelques jours. En demandant à mon père de garder le silence, je n'ai pas réalisé la position difficile dans laquelle je l'ai mis. J'ai oublié que, solide comme un roc, il a pourtant une sensibilité intérieure qu'il laisse peu découvrir. Mais il ne dira rien à ma mère, il portera seul le poids de ma maladie.

Toujours pragmatique, je réfléchis, m'organise : mes nouveaux besoins, des engagements à annuler… Fabienne est maintenant la seule qui puisse m'aider. Je l'envoie donc chercher mes affaires destinées aux vacances en Bretagne. Facile, mon sac est tout prêt. J'ai juste changé de cap. Pour moi, l'hôpital n'est pas un mouroir mais un lieu de passage. En bonne ergothérapeute, j'entends m'habiller comme tous les jours, plutôt que d'errer dans les couloirs en pyjama ! Mes vêtements de vacances conviendront parfaitement. Je suis ma première patiente et compte bien m'exercer.

La dernière difficulté pour ma sœur qui assume toutes ces annonces consiste à prévenir Frédéric, mon petit ami. Je frémis en y songeant. Ce soir, me croyant en vacances, il va rentrer tard du travail. À 22 h 30, Fabienne, en larmes, le retrouve et lui explique mon hospitalisation, la leucémie, le trajet pour arriver jusqu'à moi… Abasourdi, il n'en croit pas ses oreilles. Pour lui je suis une fille forte, une battante. Il se rend immédiatement à mon chevet. Stupéfait, le visage terreux, les yeux cernés de la fatigue du jour et d'angoisse aussi, il m'écoute. J'ai peu de mots pour lui expliquer ce tourbillon dans lequel ma vie est projetée. C'est ainsi. Et puis je n'ai simplement rien à dire, j'en sais encore si peu sur l'aventure qui m'attend. J'ai choisi de plonger et de faire corps avec lui. Pourtant, mes idées vont et viennent comme des pédaliers qui moulinent dans le vide. Je cherche ma place dans cet univers tout neuf où je viens d'arriver sans être préparée. Les flammèches d'un feu qui danse ne disent pas mieux dans quel état je suis. Je ne suis pas abattue, seulement très fatiguée.

Frédéric ne comprend pas. Pourquoi moi ? Lui expliquer que le corps et l'esprit sont liés est inutile, il n'accepte pas ce genre de conception. Quelque part dans le fond de mon être, cette idée m'habite. Pourquoi ? Comment ? D'où ? La leucémie exprime sûrement quelque chose. Unique certitude soufflée par mon instinct : je dois y répondre par la force du mental. La volonté est un des maîtres mots pour accéder à ses désirs. Corps et âme prêts, je me laisse glisser sur le fleuve comme une feuille qui d'emblée arrivera de l'autre côté de la vallée.

Après deux heures passées avec moi, Frédéric, abattu, les épaules voûtées, reprend le chemin de la maison. Une question s'impose à lui : participer ou ne pas participer ? Pour l'amour qui nous unit, Frédéric décide de rester à mes côtés et de m'accompagner dans ce tourbillon inattendu. Le reste n'est qu'une question de temps. Six mois doivent passer avant de faire un premier bilan.

Pendant quatre jours, une étrange partie de cache-cache se déroule en Bretagne et en Belgique, entre ma mère qui ne sait rien, mon père, Fabienne et moi.

— On ne garde personne à l'hôpital pendant quatre jours pour un nez qui coule, s'inquiète ma mère.

Plus d'une fois, mon père manque de dire toute la vérité mais il respecte ma demande : garder le secret. Il va pleurer, seul, dans le garage. Son visage gris, ses yeux rougis trahissent la gravité de la situation.

— Chérie, Laetitia m'a demandé de ne rien dire, dit mon père laconique.

— Mais que me cache-t-on ? Je peux tout supporter avec toi. Dis-moi ce qu'a Laetitia, nous le porterons ensemble, le sollicite ma mère sur un ton ferme, plus inquiète que rassurée.

Elle imagine le pire et non sans raison. À bout de force, mon père avoue.

— Une leucémie.

Je ne voulais pas perturber les vacances de ma famille. Pourtant, je viens de les raccourcir de deux jours. Je les ai aussi terriblement assombries.

2

Mise en bocal avec tuba

Juillet 1999. Bruxelles. Hôpital Saint-Luc.

Leucémie ! Est-ce l'acoustique des couloirs d'hôpitaux ? Toujours est-il que le mot retentit en moi comme un écho déjà lointain. Il est absorbé par les cloisons et les faux plafonds qui assourdissent si bien. Pour l'instant, mon esprit est occupé par le gâteau au chocolat de mon arrivée. Tendre et moelleux. Savoureuse et forte en goût, cette pâtisserie d'anniversaire a laissé en moi son empreinte gustative. Tout bonnement mémorable. Pourtant je ne suis pas au restaurant mais dans un hôpital. J'y ai d'ailleurs beaucoup de choses à explorer et mes investigations n'en sont qu'à leurs débuts.

Heureusement, une aide-soignante m'apporte mon dîner. Je souris. Voilà des mois que je n'ai plus très faim et désormais j'en connais la raison : ma leucémie. Depuis juin, je ne mange plus un seul repas complet. Ils se résument, ces dernières semaines, à des menus enfant dont je peine à avaler le quart. Ces ultimes jours avant d'entrer à l'hôpital, je devais me forcer pour avaler un fruit et un yaourt. Dire qu'avant j'étais réputée pour mon bon coup de fourchette ! Un yaourt et une pomme, c'est peu, vraiment trop peu. L'appétit que j'avais étonnamment retrouvé en arrivant à l'hôpital, le 2 juillet, décline lentement. Je m'étonne de mon flegme lorsque je considère cette situation.

Dans mon plateau, ce soir : nouilles et steak haché. J'observe sans grande envie le rectangle de viande hachée et les pâtes sèches. Couleur, texture, odeur, je ne suis qu'à moitié tentée. On dirait le film *Soleil vert* ! Je prends mon courage à deux mains et empoigne ma fourchette et mon couteau. Première bouchée. Deuxième bouchée. Je m'applique à mastiquer. – Fini : trois ou quatre bouchées et je ne peux plus rien avaler. J'enrage de ne pouvoir exercer davantage ma volonté sur mon appétit ; pourtant, si je continue, je vais vomir. Qui a osé écrire que l'appétit vient en mangeant ? Le proverbe ment pour les leucémiques.

Pourtant, les belles journées d'été, avec les fruits sucrés qui alourdissent les branches des arbres dans les vergers, me font saliver. Vite, je dois oublier l'idée de savourer des cerises, de laisser fondre des framboises en bouche ou de croquer dans une pêche. Une nouvelle vie a bel et bien commencé pour moi.

Ce manque d'appétit ne m'inquiète pas outre mesure : je vais bientôt recevoir mes premiers substituts de nourriture pour compenser. Ainsi « sauvée » d'une sorte d'anorexie, je vais pouvoir voguer tranquillement sur les flots tumultueux de cette grande aventure.

Le 3 juillet reste une date gravée en moi. Ce jour-là, je descends dans les sous-sols. Destination : un bloc opératoire décoré d'affiches. La Belle et la Bête, Pluto et Mickey pendent du plafond dans un léger tournoiement au rythme de l'air conditionné. Le tout au milieu d'un équipement très technique. L'anesthésiste doit me poser une « voie centrale ». Grâce à elle, je vais recevoir la chimiothérapie dès aujourd'hui et l'alimentation quand ce sera nécessaire. Cette voie centrale est un petit bijou de technologie. Elle se compose entre autres d'un tube de 16 cm de long et de 2 mm de diamètre que l'on introduit dans la veine sous-clavière et qui passe dans la veine cave supérieure jusqu'à 2 cm du cœur. Cette pompe redistribue sans relâche les produits mêlés au sang dans l'ensemble du corps. De l'autre côté, la partie apparente. Une sorte de nœud papillon retenu par des points de suture duquel sortent deux jonctions de tubes. C'est la connexion entre le monde extérieur et l'intérieur de mon corps. *Matrix* est un film culte pour comprendre ce que je vais vivre.

En théorie, l'intervention dure à peine une demi-heure. Avec moi, cette partie de plaisir se prolonge. Car je n'arrête pas de poser des questions, et l'intervention dure ! Déformation professionnelle ? Curiosité ? Ou simple intérêt pour ce qui m'arrive ? J'ai besoin de comprendre et d'intégrer les informations de façon exacte ! Il ne me vient même pas l'idée de repousser un acte médical par crainte de la douleur. Je veux comprendre.

Cette manipulation, je vais y avoir droit à plusieurs reprises : à chaque nouvelle entrée en séjour planifié. En tout, trois fois. Lors de la dernière pose de voie centrale, voilà un moment que je connais les lieux : je suis à l'hôpital comme chez moi… Alors, je prends mes aises. J'annonce une surprise à l'anesthésiste. Il me regarde d'un air douteux, avec des yeux globuleux de poisson-lune, mais il reste très curieux. Anesthésiée localement, une fois le travail entamé, je sors le bras droit avec en main mon appareil photo. Juste un sourire et un petit clic pour la photo souvenir. Étonné ou contrarié, ses sourcils se redressent en forme de chapeaux vietnamiens pointus.

— Si le travail est mal fait, je vous retrouve ! dis-je sur un ton guilleret.

Je le devine tout sourire derrière son masque. Dans ces situations vénitiennes, seuls les regards expriment l'âme. Et, espiègle, j'ai mes photos.

Pourtant, cette distraction brève ne m'empêche pas de ressentir le cathéter comme un corps étranger, une intrusion qui me gêne dans mes mouvements.

De retour dans ma chambre, on me relie sans tarder à une poche de liquide qui pend du pied à perfusion, sorte de grosse goutte d'eau chimique au bout d'une branche d'acier. Il pousse de drôles d'arbres dans les hôpitaux ! La chimiothérapie commence. Il ne faut pas perdre de temps. Sept jours d'un doux mélange de deux substances chimiques que j'imagine comme deux guerriers cuirassés et armés. Ils portent d'ailleurs des noms dignes d'un manga : Cytosar et Idarubicine défendent mon corps contre mes cellules mutantes déglinguées. La fois suivante, le choix des médecins s'accorde sur Cytosar et Amsacrine pour, à nouveau, sept jours de guerre. Idarubicine se battait-il avec trop de conviction ? Pas assez ? Ne convenait-il pas ? Par contre, l'heureux élu de l'ultime fois sera Endoxan pour deux jours, suivi de très près par des rayons magiques. La vie est un combat, n'est-ce pas ?

Pour ma famille se déroule un retour en catastrophe. Tous veulent être à mes côtés. L'arrêt à la maison, en région parisienne, est bref. Se poser un minimum, s'organiser avec les voisins, refaire ses bagages avant de poursuivre la route vers la Belgique.

10 juillet. Mon père, mon frère Henri, ainsi que Ségolène, ma seconde sœur, son mari et ma charmante petite-nièce Trini revenus du Chili pour les retrouvailles familiales en Bretagne me rejoignent à temps à l'hôpital. Le jour est idéal car je dois changer de service. Fini le service ouvert, il faut passer au fermé ! Toute pimpante, je peux encore les voir sans barrière et les embrasser même de loin. Si Fabienne, ma sœur aînée, est venue presque tous les jours, depuis leur arrivée en Belgique j'ai eu, il y a deux jours, la visite de ma mère et de mon grand-père. Lui est de retour dans son pays du Limbourg, quant à ma mère, elle se promène à l'étage, guettant le débarquement familial. Tous réunis, nous savourons une heure de cet ultime face-à-face. Ces retrouvailles autour de mon lit m'attendrissent. Les minutes filent. Heureux de partager ce moment, tous se taisent avec une pudeur chargée de larmes. Chagrin retenu. Sourires endimanchés. Sobriété des mots. Rien ne manque à exprimer leur tendresse tout en délicatesse. Aussi, je profite de leur présence, recevant par perfusion leur courage pour la suite du parcours.

Véronique, une infirmière, me prévient que ma chambre est prête. Direction : la porte du 56, l'autre service. Une nouvelle infirmière, Marie-Jeanne – toute de vert vêtue – m'attend sur le seuil. Je pars en recueillant mille baisers et mille sourires. Je me régale encore un instant avant de franchir d'un pas décidé la frontière d'un univers inconnu. Si quelques larmes pointent, elles sont à mon insu et aussitôt séchées comme on chasse un moustique d'un geste sec, nerveux. Pourquoi pleurer ? Nous nous reverrons dans quelques minutes à travers la vitre qui sépare la chambre du couloir des visiteurs. C'est l'émotion du changement, la conscience pour mon entourage du risque qui plane au-dessus de ma tête ou, tout simplement, ce moment inattendu ?

Mes parents, mon frère et mes sœurs forment autour de moi une famille très unie et mon cœur exulte de joie à l'idée d'y appartenir. J'aime nos relations simples et franches et je les approfondis dès que possible. S'ils savaient quelle force je puise en chacun d'eux et combien mes mots sont impuissants pour leur exprimer ce sentiment ! En cet instant, je n'ai pas peur. Je vais de l'avant et vis chaque minute l'une après l'autre comme je cueillerais des coquelicots dans un champ de fleurs sauvages. *Carpe diem !*

Le 56 est l'unité stérile. J'y suis accueillie pour être mieux protégée des risques infectieux. Chance offerte comme un cadeau tombé du ciel, je vais passer les semaines à venir dans une chambre de ce service. Il est réservé de coutume aux patients greffés, mais il existe des exceptions dont je fais partie. À l'affût du moindre détail de ce nouvel univers et surtout de ma chambre d'où je ne peux sortir, j'ai un espace à comprendre et à conquérir. Emportée dans un tourbillon de nouveautés, j'observe et je plonge. Ici, tout le personnel porte des masques en présence des patients, aussi devine-t-on difficilement les traits des visages, les expressions. Je suis peut-être dans une station spatiale peuplée d'androïdes mal formés qui n'osent pas encore se montrer ? Il va falloir les apprivoiser.

Invitée à suivre l'infirmière, je découvre la chambre 634, la première du couloir. Je me dévêts et fais une toilette au gant puis j'enfile la chemise de nuit d'un bleu délavé qui m'attend. Je me plie aux obligations locales. Un coup d'œil dans la glace confirme mes idées : j'ai l'allure d'un bagnard en partance pour Cayenne, Alcatraz, Côn Dao ou Guantanamo…

Tout va si vite que j'ai besoin de réviser le règlement intérieur. Je pose quelques questions à Marie-Jeanne, qui y répond de manière concise. Derrière son masque surgit une voix synthétique :

— Les repas sont proposés à 18 h 30 pour ceux qui se nourrissent encore. Ici, nous sommes tout de même flexibles et nous nous adaptons à chacun selon nos possibilités.

— Et pour la toilette ?

— Quand l'équipe vient refaire le lit, vous devez vous laver au lavabo. Deux fois par jour. Après chaque toilette, il faut vous changer. Nous vous fournissons les chemises de nuit ou pyjama suivant votre convenance puisque tout doit être stérile. Rien ne peut venir de l'extérieur qui ne soit passé par la chambre à formol. Tout à l'heure, je vous apporterai la liste des aliments extérieurs autorisés.

— D'accord. Et les horaires de visites ?

— Contrairement au service ouvert, ici, les visites sont autorisées 24 heures sur 24. Que ce soit pour les deux personnes choisies pour entrer à l'intérieur de la chambre ou pour les visiteurs extérieurs. Avec ces derniers, vous pouvez correspondre grâce à l'interphone ici à votre droite...

J'apprécie le dévouement de cette femme ; pourtant, je m'imaginerais bien plus volontiers en prison avec un gardien chef me récitant avec sollicitude le règlement. Si elle devinait mon cœur, profilé pour le vol au milieu des oiseaux migrateurs, elle craindrait dès cet instant la fugue insolente à laquelle j'aspire déjà.

— Dernier point : nous passons plusieurs fois par jour pour les médicaments, la température, l'alimentation... Si vous avez un problème, vous appelez avec la sonnette qui se trouve sur le perroquet.

J'assimilerai l'avalanche d'informations plus tard, je préfère profiter de mes proches qui se trouvent déjà derrière la vitre. Vitre ou parloir ? Finalement Alcatraz, si on y réfléchit bien...

Je teste l'interphone. Il fonctionne mal. Nos phrases sont hachées. Des blancs coupent les mots. Les voyelles kidnappées rendent inintelligible un mot sur deux ! De mauvaise qualité, l'interphone devrait être remplacé. J'enrage un peu mais il faut bien s'adapter. Rapidement, je vais l'abandonner et apprendrai à lire sur les lèvres, à interpréter les gestes et les mimiques. Mon oreille va devenir de plus en plus fine et traduira les paroles perçues à travers la cloison. Parfois, mes grimaces simiesques et les incompréhensions mutuelles déclenchent des fous rires.

Quand les paroles disparaissent en partie, la communication devient un drôle de jeu. Je suis comme un poisson dans son aquarium et j'y fais des bulles.

Pour communiquer, j'ai aussi le téléphone. Si j'accepte d'y répondre à toute heure du jour ou de la nuit, je renonce à appeler de ma chambre : les tarifs sont exorbitants. Oui, le téléphone constitue un lien vital avec le monde extérieur mais on le fait payer cher aux malades. S'il sonne lorsque je fais ma toilette, je cours le décrocher à moitié nue, quitte à me cacher derrière ma table de nuit si un visiteur pointe le bout de son nez.

Il est presque 20 heures, ma famille est partie, ma mère m'a quittée la dernière. De mon lit à la couverture en vichy blanc et rose, je trône seule dans une dizaine de mètres carrés. J'observe cette pièce et l'intègre comme mienne. Depuis la porte battante de l'entrée, couleur verte, mon regard fait un tour d'horizon : à gauche, une petite annexe en guise de salle de toilette, un WC, une douche inutilisable car interdite et un lavabo à miroir imposant. De l'autre côté, un placard pour mes effets personnels, puis mon vaste lit. À ma droite, la table de nuit sur roulettes et une grande baie vitrée qui donne sur le couloir et les visiteurs, puis une autre vitre laissant voir une ligne de peupliers, un parking et des champs en guise d'horizon. Dans le coin droit d'en face, une télévision semble en suspension dans l'espace. En dessous, une table, une chaise et un large fauteuil. Au centre, face à moi, une table de travail avec au-dessus une reproduction de peinture impressionniste aux notes de couleurs vives. Au milieu de cet univers blanc, mon regard plonge dans ces couleurs joyeuses avant de filer par les fenêtres retrouver l'horizon.

Le soleil est encore bien haut. Je contemple le spectacle de la nature avant de me coucher. La terre continue à tourner, tandis que moi, en bon poisson, je suis enfermée dans ce nouveau monde vitré.

Quelques jours passent. Je pense à Olympia, ma voisine du 52 – le service ouvert d'hématologie. Nous partagions la même chambre. Cette charmante dame, qui pourrait être ma grand-mère, est là pour les mêmes raisons que moi. Elle dont les yeux pétillent en permanence m'a fait remarquer une paire d'yeux fabuleux. Ceux d'Éric, un hématologue du service. Je lui dois les plus belles évasions de ce service où nous avons été recluses ensembles. Par chance, personne ne s'est jamais aperçu des courses folles où nous voguions d'un bout à l'autre de la terre à travers nos récits et nos rêves. De bons moments ensemble.

La clinique devient mon petit monde, je l'ai déjà adoptée comme mon chez-moi. Pourtant, ma première visite médicale tout comme ma rencontre avec Éric, le médecin aux yeux bleus, sont encore toutes fraîches. Il va suivre mon évolution. Tant mieux, il m'est plutôt sympathique.

Aujourd'hui de visite, il pénètre dans mon antre. Je le laisse travailler puis le harcèle de toutes mes questions auxquelles il répond, sans jamais se lasser :

— La leucémie, qu'est-ce exactement, d'un point de vue médical ?

— La réponse est un peu technique. Je peux simplifier mais je crains de vous ennuyer et…

— Je veux savoir.

Éric s'amuse de tant de détermination.

— Le plus simple est de repartir de l'étymologie. *Leuco* veut dire « blanc » et *emie* « sang ». « Myéloïde » signifie « qui concerne la moelle osseuse » mais dans ce cas précis, cela fait référence à une lignée de cellules souches. Deux lignées existent. La myéloïde qui donne naissance aux globules rouges, aux plaquettes et à une partie des globules blancs. L'autre lignée, la lymphoïde est à l'origine des lymphocytes qui sont un sous-groupe de globules blancs. Quant à « aiguë » nous pouvons le traduire par « apparition brutale ».

Nous poursuivons sur le rôle des principales cellules de la composition sanguine et remettons ensemble le doigt sur l'essentiel. Les globules rouges transportent l'oxygène, les blancs défendent l'organisme des infections et les plaquettes s'occupent de la coagulation. Heureuse de ne pas avoir déjà tout oublié de mes cours, je suis une nouvelle fois émerveillée par le fonctionnement du corps humain. Même s'il lui arrive de se dérégler. Comme dans mon cas.

— Les blastes, quand ils se dérèglent, ne produisent plus les globules blancs tels qu'ils doivent être mais des globules dégénérés, immatures et en surnombre. Mêlés au sang, inefficaces, ils empêchent les autres cellules sanguines (globules rouges et plaquettes) d'exister en quantité suffisante.

— C'est donc cela la leucémie. J'en apprends, des choses !

Éric est très clair. J'ai l'intime conviction de comprendre ce qui m'arrive et de mieux pouvoir aborder cette maladie. Vive mon intérêt pour la physiologie, la pathologie et la biologie en général ! Sans regret, mes études paramédicales !

Ces informations sont des perches tendues pour reconstituer le puzzle de mon histoire. Tel un inspecteur, je mène mon enquête. Quels sont les symptômes qui auraient dû m'interpeller ? Mon besoin d'exactitude et d'analyse est servi. J'ai de quoi alimenter des recherches, des réflexions et j'y prends plaisir. Totalement ignorante de la gravité de la maladie, je me laisse flotter doucement. Je suis ici pour six mois seulement, c'est une expérience de plus, un apprentissage.

Au cours d'autres discussions et grâce aux investigations de mes proches sur Internet, j'apprends que les leucémies aiguës sont des maladies peu courantes. La recherche a commencé il y a vingt-cinq ans dans le domaine de l'hématologie pour les leucémies. Au début, elles étaient presque toutes mortelles. En France, on en découvre 3 par an et par tranche de 100 000 habitants. Les causes reste encore inconnues, à l'exception d'une catastrophe comme Tchernobyl.

Ces informations trottent dans ma tête. Je les médite des journées entières. Deviendrai-je plus intelligente ? Comme un questionnaire de Proust improvisé, je parcours en pensée ce dernier mois de juin et les précédents. Et j'improvise un dialogue avec moi-même :

— Laetitia, et si je te dis : « Manque de globules rouges » ?

— Je réponds sans hésiter que, n'ayant plus assez d'oxygène, je m'essoufflais au moindre effort. J'explique aussi ma fatigue générale.

— Et si je te dis : « Manque de globules blancs… »

— Problème d'infection, défaut de défense. Pas étonnant que le rhume et l'angine soient arrivés à la vitesse grand V. Est-ce à cause de cela que mon nez coule depuis des mois ?

— Et si je te dis : « Manque de plaquettes… »

— Je songe à mes nombreux hématomes, qui m'étonnaient mais sans plus. Pas normal oui, mais pas de quoi m'inquiéter. Évidemment, manque de plaquettes donc pas pratique pour coaguler.

— Et si je…

— Chut ! je suis fatiguée. Je veux dormir…

Un matin, j'ai l'heureuse surprise de découvrir de l'autre côté de la vitre un bouquet de tournesols. Fleurs solaires, elles m'envoient de la lumière et comblent mon cœur d'une joie indicible. Ces fleurs reconstituent la nature autour de moi, elles sont un appel puissant à la vie. Je les dois à Anne-Marie, la gentille infirmière responsable du service. Elle les a coupées dans son jardin au petit matin avant de prendre la route de la clinique. Ce geste délicat me touche d'autant plus que je me sais privilégiée. Une foule d'autres attentions humanisent l'univers dans lequel je vis depuis une bonne dizaine de jours déjà. Je m'étais trompée, je ne côtoie pas des androïdes ni des Martiens vêtus de blouses vertes mais bien des humains à l'écoute et disponibles autant que possible.

Ces tournesols annoncent une multitude d'autres bouquets. Je n'en manquerai jamais. L'hôpital, vécu comme un mouroir par beaucoup, devient, selon mon humeur, un jardin d'hiver ou une exposition florale où les roses en imposent aux orchidées (ou encore aux tulipes, qui s'arrachaient à prix d'or naguère en Hollande). Ces dernières sont en bois mais tout près de moi. Des fleurs ont même été commandées de Suède. Dans mon incrédulité, j'imagine un moment qu'elles ont pris l'avion avant d'être livrées à l'hôpital.

Je contemple leur éclat doré et je songe à mes cheveux tout aussi ensoleillés. Soudain, une idée saugrenue fait surface. J'ai lu un article sur des perruques faites de vrais cheveux. Tilt ! Les perruquiers doivent donc acheter des cheveux… Aussitôt imaginé, aussitôt mis en œuvre. J'envoie ma sœur Fabienne en mission : trouver un perruquier désirant acheter mes cheveux.

Elle revient toute penaude et embarrassée. Fabienne s'est fait violence pour respecter ma volonté mais aucun perruquier ne veut de mes cheveux, trop courts de quelques centimètres. Quant au prix d'achat, il nous semble ridiculement bas avec ses 6,25 euro pour 20 g…

Mes cheveux, je les perds maintenant par poignées. C'est l'un des effets de la chimiothérapie, en plus des nausées et des vomissements. Ces poignées, je les prends et en bourrerai bien un oreiller. Faute de mieux, mes cheveux partent à la poubelle tandis que mon crâne se dénude par trouées.

Un matin de juillet, je décide d'en finir avec mes cheveux. Angélique, l'aide-soignante, accepte de me tondre. Je l'attends avec impatience. En dix minutes, je me retrouve aussi chauve qu'un bonze. Le résultat me plaît beaucoup. Ce nouveau style me va bien, malgré mon teint blafard. Il me manque la toge safran, encore que les bonzesses portent selon les lieux des toges blanches ou rose pâle... Enfin ! Quelle joie ! Je ne me réveillerai plus avec des cheveux maculant mon oreiller ou plein la bouche. Et puis, c'est chic ! La lourde porte s'ouvre. Un léger courant d'air caresse mon crâne.

Je réfléchis à nouveau aux explications d'Éric sur la leucémie. Je saisis mieux l'intérêt d'une chambre stérile pour les gens comme moi dont les quelques globules blancs survivants et efficaces ne suffisent plus à protéger des infections. À proprement parler, je ne suis pas dans une chambre parfaitement stérile ni dans une unité aseptique, l'un et l'autre signifiant « exempts de tout germe microbien ». Ces milieux tendent vers le plus haut degré de stérilité, mais ne peuvent l'être de manière absolue. Avec une joie enfantine, je découvre le système d'aération bien pensé de ma chambre. La pression de l'air purifié qui arrive dans la chambre est légèrement supérieure à celle du couloir. Ainsi, elle fuit vers l'extérieur d'où presque rien ne pénètre. Cela me rappelle mes cours de chimie et leurs schémas sur l'osmose.

Si l'aération est bien pensée, je ne suis pour autant pas protégée des effluves de nourriture. Elles continuent à m'écœurer et je n'ai aucun moyen de les chasser. Plus les heures passent, plus les effets de la chimiothérapie accentuent mon état nauséeux. Aux odeurs de cuisine, je préfère désormais sans conteste celles d'alcool ou d'éther qui me montent à la tête. Alors, je suis envahie d'un désir irrépressible de sentir le bord de mer, l'air saturé d'iode. Ou bien l'odeur de l'herbe coupée après la pluie. Ou encore le parfum de la peau de Frédéric. Je dois encore patienter. Je ne suis qu'au début du voyage et je ne sais pas combien de temps encore je devrai rester enfermée dans mon aquarium. Et je commence à perdre la notion du temps. Les jours ne comptent plus, les dates n'ont aucun sens, sauf pour les esprits chagrins. Seul l'instant compte.

L'après-midi passe. Un après-midi parmi d'autres, perdu dans mon aquarium. Je regarde au hasard du couloir qu'il faut traverser pour atteindre des yeux les hauts peupliers. Ma chambre, la première de ce couloir parmi les six de l'unité aseptique, me ravit. Je peux y voir le défilé des visiteurs. Tous sont sympathiques. Un sourire. Un bonjour de la main. Une brève conversation. Ma chambre est en *pole position* pour un arrêt causette. Parfois je m'amuse à m'imaginer au zoo. Et ce n'est pas moi qui suis derrière ma vitre, les visiteurs deviennent les animaux qui déambulent devant moi. Cette idée me distrait quelque temps avant de repartir dans un autre univers.

La chimiothérapie m'épuise. Mes paupières s'alourdissent, impossible de ne pas sombrer dans le sommeil. En ces jours qui suivent le traitement, je n'ai jamais autant fréquenté Morphée. Le sommeil m'est nécessaire pour retrouver un minimum d'énergie. Les premiers jours, je tenais le choc. Maintenant, je m'enfonce dans l'inconnu. Parfois, j'ai l'impression de faire deux fois le tour de l'horloge le même jour. Les seules interruptions sont les visites médicales, les soins. Et je sombre à nouveau, étonnée de ne plus maîtriser le temps. Immobile mais toujours prête à explorer, je profite d'une nouvelle dimension du monde, l'oubli cotonneux. Je dois avouer ma difficulté à cartographier ce nouveau continent.

Depuis le couloir, premier lieu d'arrêt, Fabienne me tire de mon sommeil. Avec Frédéric, ce sont mes deux seuls hôtes extérieurs autorisés à pénétrer le sanctuaire confiné de ma chambre stérile. Ce sont ceux que j'ai élus. Pour les autres, la vitre du couloir des visiteurs nous sépare en permanence. Fabienne a ce sourire aux lèvres qui marque notre complicité la plus tendre. Aux louvettes quand j'étais enfant, pendant mes études où nous étions colocataires et encore maintenant, nous partageons des moments privilégiés. Je n'y pense jamais sans émotion. Surtout en ce moment. Elle esquisse un geste derrière la vitre. Je lis sur ses lèvres : « Tu t'es rasé le crâne. » Je confirme d'un oui muet avant qu'elle n'enfile sa blouse, son bonnet et son masque vert pour me rejoindre au plus près. Je sais qu'elle va encore chercher pendant dix minutes des sabots pointure 44 fillette. Quelle drôle d'affaire que de trouver chaussure à son pied !

Je l'imagine se lavant les avant-bras jusqu'aux coudes avec les deux solutions désinfectantes, se brossant les ongles… Le tout en regardant l'horloge pour ne pas raccourcir le temps exigé.

Enfin, la voilà. Je goûte la joie d'une conversation anodine pendant une heure et demie. Elle me raconte ses dernières activités, les nouvelles du bureau et les anecdotes ; moi, je lui fais part de mes visites, d'un récapitulatif de mon état de santé et surtout, je lui fais un état des lieux de mes neutrophiles. Notre conversation colle à nos quotidiens sans jamais mentionner les tenants et aboutissants de mon hospitalisation. Omission volontaire ? Peut-être de la part de Fabienne. Moi, je suis tellement convaincue que l'issue de ce passage en clinique est la guérison que je ne pense même pas au pire. Je reste calée comme un disque rayé sur « trois périodes de traitement à raison de quatre à six semaines et deux semaines de repos entre chacun ». Soit un total, au maximum, de six mois puis la sortie, définitive.

– Ta coupe te va bien, tu as une belle forme de crâne.

– Tu te rappelles ? Dire qu'il y a un mois de cela je t'en avais parlé. J'étais tellement curieuse d'essayer…

Le son de la voix de Fabienne me berce puis s'évapore. Nos paroles se perdent. Je plonge dans la lumière de ses yeux, interface de nos messages profonds : « je t'aime », « tiens bon », « tu es une fille courageuse », « la vie t'appartient », « tu es ma sœur et je ne t'abandonne pas ». Notre seule présence nous suffit. Je sens ses mains sur mes pieds, pour un massage de détente réflexologique. Je puise dans ces contacts tactiles une énergie inimaginable et un bonheur simple. J'en viens à nourrir la théorie qu'il faudrait masser les malades plus souvent pour les détendre, les aider et donner de la paix à leurs corps quand ils connaissent trop souvent la souffrance.

Fabienne est une des sources principales de la recharge de mes batteries. La douceur de sa peau sur la mienne équivaut à un drap de soie dans lequel je me glisse. Tout contact charnel est désormais vital pour moi. Ces moments, j'en fais une force qui me permet de tenir. Je ne fais pas de concours mais, tout simplement, j'ai confiance et tout va bien. Les infirmières s'inquiètent de me voir tenir sans m'effondrer moralement ou physiquement. Elles en redoutent les conséquences. Elles craignent une chute brutale. Pas besoin, je me sens bien. Je m'adapte, c'est tout. Serais-je vraiment caméléon ?

Quant à ma sœur, j'admire tout simplement son courage et son abnégation. Je ne vois jamais une larme, même furtive, glisser sur sa joue. Ni elle, ni aucun autre de mon entourage. Ils font tous bonne figure devant moi. Je ne m'en doutais pas.

Fabienne repart. Elle a aussi sa vie, ses amis, ses projets. Elle va retrouver un univers auquel je n'appartiens plus. Je dois patienter. Je la rejoindrai un peu plus tard, quand j'en aurai fini ici.

Tout dépend essentiellement de l'évolution de mes neutrophiles, ma veille quotidienne. Sous-groupe d'une des deux lignées de globules blancs, ils sont ma référence fondamentale. Mon objectif à atteindre : 500 neutrophiles. Ajoutons à cela le fait de m'alimenter par la bouche, et j'aurai rempli mon contrat de sortie. Ce chiffre de 500 ne cesse de tourner dans ma tête. Que puis-je faire pour activer ces neutrophiles ? Répéter « 500 » chaque jour ? Compter jusqu'à 500 ? Étrange leitmotiv et enjeu de la reconquête de ma vie. Pour l'alimentation, j'attends de meilleurs résultats de la part de ces cellules minuscules avant de m'y consacrer. C'est tout de même pratique de ne jamais avoir faim !

Depuis quatre bonnes semaines, je laisse mon corps se reconstruire. Je lui accorde le temps de retrouver ses marques, je l'attends, mais je me languis bien un peu, quand, ce matin, la joie s'invite : mes neutrophiles ont bondi. Quand les chiffres sont à la baisse, j'avale la nouvelle et passe rapidement par-dessus. Je n'ai aucune inquiétude sur ma sortie. Pourtant, tous ne sortent pas sur leurs jambes. Je n'y songe pas. Cette option ne me concerne pas et la mort n'effleure même pas mon esprit, éternelle silencieuse dans ces bâtiments aseptisés.

Tous les patients espèrent évidemment. Mais tous ne se ressemblent pas. La différence réside dans la manière d'aborder la maladie, avec fatalité ou avec combativité. J'ai l'esprit positif. J'avance.

Éric me propose une nouvelle expérience : participer à une étude. Je suis déjà motivée avant d'en savoir plus. L'inconnu m'attire toujours.

— Il s'agit de tester un antibiotique pour tenter de faire chuter la fièvre. Deux groupes de patients seront constitués : un groupe recevra l'antibiotique, l'autre un placebo. Et les résultats seront comparés.

— J'accepte. Je suis toujours partante pour la nouveauté, vous commencez à me connaître !

— Je ne veux pas que vous vous décidiez trop vite, je vous laisse la journée pour y réfléchir. Nous ferons le point demain.

Le lendemain, je n'ai pas changé d'avis. Si la science peut avancer et soulager d'autres patients à l'avenir, pas de doute à avoir.

Peu après cette décision, un peu bravache mais qui me ressemble tellement, la fièvre me prend. Je participe donc à l'étude plus vite que prévu. Et puis la fièvre disparaît. En revanche, une pneumonie survenue peu après mon entrée me colle encore aux bronches. Marc, le kinésithérapeute qui me fait expectorer, n'arrive à rien. J'ai beau suivre ses instructions, rien ne sort. J'expectore mal, voire pas du tout. Alors, plutôt que de perdre tous les deux notre temps, je lui fais une requête spéciale : un massage. La peau de mes jambes est pareille à celle d'un caméléon desséché. Elle mérite bien une hydratation particulière. Nous déclenchons la sonnette d'appel pour obtenir un tube de crème hydratante. Il arrive sans perdre de temps.

— Vous ne respirerez pas mieux, soupire-t-il en commençant à me masser les jambes.

— Je sais...

Ce petit bonheur de massage ressemble à une fleur cueillie au bord d'un chemin. Il existe des vallées fleuries même dans les hôpitaux, pour qui sait s'émerveiller.

Je continue cependant à tousser nuit et jour. Tout le monde me plaint. Les médicaments auront finalement raison de ma pneumonie au bout d'un bon mois et demi. J'en sors terriblement épuisée après m'être déchiré les poumons si longtemps.

Je regarde par la baie vitrée. Quel jour sommes-nous ? J'ai maintenant totalement perdu la notion du temps. Début août, je pense, mais quelle date exactement ? Un calendrier me souffle le 8 quand un frisson me parcours. Brigitte ouvre la porte :

— Bonne nouvelle, 470 pour aujourd'hui !

Ma joie grimpe aussi vite que le mercure d'un thermomètre en plein été. Le taux de mes neutrophiles a donc sensiblement augmenté. Je n'en suis pas encore à 500, pourtant je me prends déjà à rêver de la sortie. Chaque matin, mon cœur bat la chamade à l'annonce du taux. Si je n'en suis pas encore à prier pour mes neutrophiles, je maudis leurs caprices.

De mon lit où je trône toute la journée, je regarde une fois de plus les arbres. Je rêve de courir dans les champs, de faucher les fleurs à pleines mains, d'entendre les oiseaux chanter, de contempler l'onde mystérieuse et mouvante d'une rivière, de lézarder au soleil.

Par ailleurs, il est temps que je commence à me réalimenter seule. Comme un cheval sent l'écurie, je sens ma sortie de plus en plus proche. Je la flaire à plein nez et j'y crois. Ce soir, je mange et m'y emploie de mon mieux. Mais ma bonne volonté ne peut endiguer mes difficultés. Après deux ou trois bouchées, j'atteins mes limites. Et tout ressort... Je m'étonne de voir ainsi rétréci mon appétit proverbial de... jadis. J'ai encore besoin d'entraînement.

En dépit des bonnes nouvelles, les journées n'en finissent plus. Je suis enfermée et ne peut rien faire pour sortir. Il y a peu, un ami m'a raconté une histoire qui semblait faite pour moi.

— Laetitia, tu connais le temps de mémorisation d'un poisson rouge ?

— Non…

— Deux secondes. Il fait le tour de son bocal et se dit : « Tiens, c'est nouveau ici. »

Parfois, j'aimerais être ce poisson rouge. Comme je ne le suis pas, je m'imagine en train de me faire la belle de ma chambre stérile. Je pousse la lourde porte et marche dans le couloir. Je n'en reconnais plus la couleur ni le décor. Je découvre. J'explore. Mais dans la réalité, je ne m'évade pas. Ma guérison est à ce prix. S'échapper n'est pas la solution. Les fuyards ne résolvent rien. Alors, j'affronte.

Peut-être est-ce pour cette raison que l'équipe médicale m'a imposé de ne pas repartir de l'hôpital le 4 juillet, lors de mon entrée. Repasser chez moi, prendre des affaires aurait pu être un prétexte pour fuir. Pourtant, loin de moi cette intention. Dès les premières minutes, je me suis remise entre leurs mains. J'avais confiance en l'équipe. Une confiance vite devenue absolue. J'ai le choix entre collaborer, me battre aux côtés d'une équipe ou m'en défier. Si les médecins, les infirmières et tout le personnel de l'hôpital ont choisi d'exercer un métier, les patients doivent choisir, s'ils restent hospitalisés, de lutter avec eux. Je n'ai jamais voulu un autre choix. Le choix de la vie.

Un jour, je remercie ainsi le professeur de l'unité pour toute son attention et plus encore pour ses soins :

— Je ne fais pas grand-chose, Laetitia. C'est toi qui agis !

— J'ai l'impression de patienter… seulement.

— L'essentiel de ton travail est là, s'amuse le professeur qui devine ma nature « éruptive ».

Ma guérison apparaît alors comme une trinité : une équipe médicale, des médicaments et ma bonne volonté.

Le 11 août, mes neutrophiles ont assez remonté pour que je rentre chez moi. J'exulte de joie, même si je sais que rien n'est vraiment définitif. J'ai passé quarante jours à l'hôpital. Quarante jours de traversée du désert. Un chiffre biblique pour dire l'éternité... et mon impatience.

3

Entre sable et rivage

Mi-août 1999. Bruxelles.

Clopin-clopant. D'une patte, de l'autre, je rentre chez moi. Une ivresse immense enivre mon cœur et irrigue mon sang d'énergie. Le frisson du vent sur ma peau. Ah ! se sentir libre et vivre. Vivre jusqu'au bout ! Les mots et les émotions pétaradent en moi. Feu d'artifice sans lumière, tant j'ai été briefée sur ce qui est interdit, dangereux, nuisible... Mon retour est bien préparé et mon intérieur particulièrement bichonné. La règle essentielle consiste à éviter à tout prix les microbes et les bactéries : une infection serait la pire des calamités. La pneumonie n'étant pas tout à fait terminée, je dois prendre doublement soin de moi. Ma mère s'est mise en quatre. Balayer, aspirer, astiquer, faire briller, débarrasser le plancher de tous ses êtres invisibles.

À l'extérieur, je porte un masque pour éviter les infections. Le mien est bleu Schtroumpf. Heureusement, chez moi je peux vivre à visage découvert. J'ai l'impression d'étouffer derrière ce papier cartonné. Pour ce qui est d'aller à la piscine ou de prendre un bain, je peux oublier ! L'eau stagnante – même désinfectée à grand renfort de chlore – est bannie. Dommage, j'aurais volontiers nagé, avec mon crâne dégarni. Il n'a seulement que des mini-poils tout fins, voire invisibles. La douche, heureusement, m'est à nouveau autorisée et ne me contraint plus à l'utilisation du gant de toilette.

Dernière restriction : l'alimentation. Si je me réjouis de goûter à nouveau fruits et légumes, les règles culinaires me contraignent plus qu'un Bocuse. Laver, re-laver et re-re-laver… Puis, tout peler. Un travail de Romain pour manger parfois tout simplement une… salade. De quoi devenir maniaque. De surcroît, je n'ai pas droit à tout. Par chance, mes envies correspondent aux mets autorisés. Mon appétit n'est pas gargantuesque. Pourtant, je savoure mon premier repas digne de ce nom, chez moi.

Sauf contre-indication, je jouis donc de deux semaines de relâche avant de retourner dans l'unité stérile. Deux semaines d'une liberté sous contrôle. À présent, voilà mon tour d'aller vers les médecins. Trois fois par semaine, je me rends à l'hôpital. Le système, simple et flexible, consiste à venir le jour où mon médecin consulte, à n'importe quelle heure, sachant que le passage s'effectue par ordre d'arrivée entre 8 et 11 heures du matin. Mes jours sont le mardi, le jeudi et le vendredi. Ces infimes détails rythment ma vie et je m'étonne d'attacher autant d'importance à chaque jour. Suis-je en sursis ? Oui, avant la prochaine plongée dans l'aquarium. Oui, dans la mesure où ma leucémie n'a pas déclaré forfait devant mon traitement et mon opiniâtreté. Lors de ces visites, pour ne pas se retrouver au bout d'une trop longue file d'attente, j'imagine d'arriver tôt, avec beaucoup d'avance. Mais je ne suis pas la seule à raisonner de la sorte... Alors, souvent, j'attends. Être patient et savoir patienter.

Deux jours ont passé depuis mon retour à la maison. Et voilà le jour J de la première consultation. Je descends de la voiture devant la porte de l'hôpital de jour du service d'hématologie pour adultes. En préambule, une prise de sang. 7 h 30, le monde se bouscule déjà. Je patiente dans le couloir où ma mère, le visage encourageant, me rejoint. Depuis leur retour de vacances, mes parents ont émigré en Belgique, ce qui leur permet de me rendre visite à leur guise. J'apprécie cette tendre affection. J'y trouve comme une enfant le suc de notre tendresse familiale. Pourtant, à l'échappée, certains de leurs regards angoissés me disent leur inquiétude et leurs nuits sans sommeils. Papa, maman, je vous aime et pour cet amour je me battrai jusqu'au bout. N'ayez pas peur car Laetitia caracole vers la guérison.

Mon tour arrive. L'infirmière prépare les tubes requis pour la prise de sang puis m'installe dans un de ces immenses fauteuils au creux desquels on pourrait presque s'endormir. Le bras droit que je tends supporte mieux les prises de sang quand le gauche garde toujours les traces de bleus. Tatouages évolutifs aux formes nébuleuses presque digne de figurer parmi les tests de ce bon vieux Rorschach. En deux temps, trois mouvements, me voici libérée. Mes effets en main, je passe en salle d'attente. Je profite de la présence de spéculoos et de grenadine mis à disposition pour m'octroyer un petit-déjeuner.

Je feuillette les magazines de potins de stars et autres. Leurs amourettes et trahisons semblent dérisoires face aux patients ravagés de douleurs d'un hôpital. Où se trouve résumé l'essentiel d'une vie ? Dans les paillettes et les strass ou dans la profonde humanité du SDF, du malade vers lequel des mains se tendent ? J'étudie cette salle d'attente, ceux qui m'entourent, j'écoute les conversations. Quelle belle humanité ! Que d'histoires, de doutes, de souffrances et d'espérances derrière ces femmes et ces hommes. Après un moment d'attente, voilà Éric, mon docteur aux yeux bleus. Je ne peux m'empêcher de l'appeler autrement que « mon » médecin, je l'ai adopté.

— Mademoiselle van der Elst !

— Oui.

— Bonjour. Cabine 1.

— Bonjour.

J'apprécie son ton posé. Il doit être difficile de côtoyer tant de personnes démoralisées. Tous les malades ne trouvent pas cette force qui m'anime et tous n'ont pas la chance d'être entouré comme je le suis.

Il entre dans la cabine et s'installe avant d'entamer le débriefing sur mon état pour passer ensuite au bilan. Pour l'esprit et le moral, je garde un bon cap. Reste à savoir comment va mon corps. Le docteur me pèse et, bonne nouvelle, depuis mon entrée ici, je pèse toujours le même poids, soixante kilos. Puis je m'installe sur la table d'auscultation. Prise de tension, stéthoscope pour la respiration, étude de la teinte de ma peau de caméléon. Mes poumons se portent mieux, bien que ma pneumonie rechigne à me quitter.

— Sur la bonne voie... commente sobrement Éric.

Je me rhabille. Comme de coutume, de nombreuses questions fleurissent. Mon besoin de comprendre ne s'atténue pas un instant avec ma sortie provisoire. Grâce à mon pense-bête, je reprends les points à éclaircir. Par chance, Éric écoute. Il n'a pas réponse à tout et doit trouver la bonne façon de vulgariser des points parfois techniques. Intimement, je sais qu'une partie de ma guérison se joue lors de ces parties de Trivial Pursuit médical.

Après ce bilan, Éric m'apprend que la progression des cellules sanguines respecte les prévisions. Une « croissance solide et bien orientée », diraient les chroniqueurs boursiers. J'ai la cote ! Et cette idée me plaît. Fini pour aujourd'hui. Je suis convoquée dans trois jours pour une nouvelle visite de contrôle.

Retour à la maison. Les copains ne m'abandonnent pas. Bien que limitée dans mes activités, je retrouve avec joie le rythme de ma vie de citadine avec quelques convoyages de voitures de location. La vie, le mouvement, l'action. Tout bouge autour de moi. À croire que tout s'est envolé. Oubliés, l'hôpital et les soins. Je retrouve par petits bouts ma vie arrêtée en salle d'attente. Elle renaît, métamorphosée... Ma vie sentimentale se poursuit mais ma libido ressemble à un satellite sorti de son orbite. Je sais la valeur sacrée du don des corps dans l'intimité du couple. Pourtant, la réalité diffère. Le désir persiste, le plaisir confine à la douleur. Il reste bien sûr nos émois mais le corps ne suit pas. Le mien attend plus de caresses, de tendresse et d'affection, il lui faut trouver un nouvel équilibre. Et puis, je ne peux me risquer à un trop grand rapprochement par crainte des infections ! Comment aimer dans ces conditions ? Aussi mon corps s'épanouit-il dans les courtes marches à pied plus que dans les ébats. Marcher en toute liberté, quelle joie ! Je me contente du minimum. Et je vis. Et je respire. Et mon cœur lorgne la fuite des nuages comme autant de promesses d'évasion.

Entre les consultations, le sommeil qui prend trop de place et le reste, ces deux semaines passent à grande vitesse. Deux semaines dans l'oasis source de la vie, la vraie ou en tout cas celle que j'avais choisie. Je sais mon retour à l'hôpital inéluctable. De m'en attrister, point n'est question. J'ai encore des aventures à vivre et beaucoup à apprendre.

Aujourd'hui, jeudi. Jour de visite à l'hôpital. Je vois le professeur de l'unité en consultation. L'image du professeur lui colle à la peau. Grand, quelques cheveux gris sur un crâne dégarni et un visage allongé tendu vers l'avant pour mieux écouter. En bon orfèvre des soins, sa patience d'ange s'associe à l'art de trouver les mots justes. Bref, j'ai retrouvé la forme et ma pneumonie a presque disparu. Pourtant, elle sème le doute quant à la date de ma nouvelle entrée. Faut-il la retarder ou non ? Derrière cet enjeu, je nourris une requête spéciale : un sursis. En effet, Frédéric rapatrie, comme je le fis aussi, des voitures belges de l'étranger pour une société de location. Et ce week-end, il dit justement se rendre en Italie et nous rêvons tous les deux d'une petite escapade. Je vais devoir négocier sec. Je vais sortir mes pions un à un et j'ai intérêt à être futée. J'ai un partenaire à la hauteur.

Les résultats d'analyse sont bons, le professeur voudrait que je retourne samedi dans l'unité stérile. Sa décision me confirme que la première phase du traitement, l'induction, a bien fonctionné, que ma formule sanguine est impeccable et mon corps suffisamment armé pour entamer la seconde phase de traitement, de consolidation. J'ai pleinement conscience que je dois en passer par là, et le plus tôt sera le mieux. Mais là, j'aimerais célébrer cette fin de semaine dans une apothéose italienne avant de retourner lundi en chambre stérile. J'en fais part au professeur dont les yeux me regardent avec une douceur remplie de bonté. Sur un ton ferme mais sans agressivité, il me lance :

— Tu sais, Laetitia, c'est toi qui choisis ! Ici, c'est un hôpital, pas une prison.

Il a le mot juste. Échec et mat pour moi. En un coup. Du jamais vu dans toute l'histoire des échecs. Je me résous sans rechigner et me prépare donc à revenir samedi matin et à réintégrer le 56. Je sais que je suis privilégiée de bénéficier cette fois encore d'une chambre stérile, souvent réservée aux patients greffés et aux phases d'intensification. Je ne peux refuser ce cadeau si précieux pour ma santé. Pourtant, tout tourne dans ma tête. Trop rapides, contradictoires, mes sentiments oscillent entre la raison et l'envie d'échappée belle. J'ai conscience que ma santé est prioritaire ; pourtant, je vois la beauté de l'Italie s'éloigner douloureusement de moi. Mais j'ai mieux à faire : me préparer à cette seconde phase. Je vais préparer un sac pour le déposer avant mon entrée : direction la chambre à formol.

Fin août. Partout dans les vitrines, cartables, trousses, livres scolaires... Bientôt la rentrée des classes. Pour moi aussi, c'est la rentrée, demain. J'ai tout de même pris le temps de m'inscrire en podologie dans mon ancienne école et de négocier avec la direction... Faute d'exercer comme ergothérapeute ou de repartir voyager, autant étudier. Je rentre en première année mais avec le droit de ne pas assister aux cours. De surcroît, mon programme est allégé, je n'aurais que quelques matières à présenter en juin 2000. Ce projet est une corde supplémentaire à mon arc. Tant que j'ai des projets, je vis. D'une vie sans projets, que me resterait-il ?

Maintenant, je songe à demain, samedi. Une nouvelle course de fond commence. Je suis mon propre coach. Je m'entraîne avant la compétition qui, dans le pire des cas, sera plus longue que la première. Normalement, le temps prévu en chambre stérile est de quatre à six semaines. À voir ! Tout dépendra de la remontée quotidienne de mes neutrophiles, une fois la chimiothérapie terminée. Je ne sais rien de la suite de l'aventure, mais je suis prête. Je me sais déjà gagnante. Mon rôle se résumera à patienter. Personne ne peut prédire le temps que je passerai dans cet aquarium. Une seule chose à faire : foncer !

Soudain, je songe à Guillaumet, cet aviateur fameux des temps héroïques de l'Aéropostale. Guillaumet au milieu des Andes, dans la neige, et son avion écrasé, vulgaire insecte de tôles noircies sur la neige immaculée. L'aviateur estime sa fin proche. Mais pour que sa femme puisse toucher l'assurance décès, il décide d'aller se percher sur un piton de roc. Ainsi, lors de la fonte des neiges, on retrouvera son corps et sa femme touchera une pension. Alors il marche, malgré le froid, malgré ses blessures et ses pieds gelés. Il avance et il souffre. Il a aussi cette belle prière :

— Si ma femme croit que je vis, elle croit que je marche.

Alors, la plus belle et la plus pure des volontés qui habitent l'humanité triomphe de la mort. Arrivé au sommet du piton, Guillaumet découvre en contrebas une vallée où se niche un village. De la fumée s'échappe des cheminées basses. Il est sauvé.

Saint-Exupéry a raconté cette belle page. Il n'a pas dit que Guillaumet a pleuré. Moi, je crois que oui.

L'espace d'un instant, je me considère comme une sorte de Guillaumet de la leucémie. Mes monts enneigés sont différents, mais bon... Je ne vais pas aller me percher mais traverser cette barrière neigeuse pour rejoindre la vallée de l'autre côté. Je m'y vois déjà me désaltérant dans le ruisseau nourri des neiges éternelles.

Samedi matin sonne comme un tocsin. Je passe rapidement l'étape de l'inscription administrative et me rends dans les étages les mains dans les poches. Pour un peu, je siffloterais... En chemin, je croise Marc, le kinésithérapeute. Nous faisons une courte causette et je lui dis : « À bientôt, peut-être ! » Je suis à la maison, ici. Arrivée au cinquième, je laisse mes vêtements à ma mère, qui m'accompagne, et revêts une blouse en attendant les brancardiers. Ils en mettent, du temps ! Je pourrais descendre à pied ! Il y a des soucis d'ascenseur. Je m'amuse. Dehors, les embouteillages empoisonnent la vie des automobilistes, ici les brancards se bousculent. La vie est la même, simplement le contexte est différent.

Enfin allongée, je gagne les niveaux inférieurs des sous-sols. Direction le – 3. Passage obligatoire avant mon retour dans l'unité stérile. On doit me poser pour la seconde fois une voie centrale. Unique moyen de m'administrer la chimiothérapie et de m'alimenter quand je n'y arriverai plus toute seule. C'est si simple et si bien pensé ! En blouse sur le brancard, j'attends dans le couloir à la lueur des lumières artificielles et je m'impatiente. L'attente est bien longue pour un acte médical si rapide. Une trentaine de minutes. Curieuse dilatation et rétraction du temps.

L'anesthésiste paraît enfin. Il me fait changer de pièce et m'installe pour la pose de la voie centrale. Au-dessus de ma tête tournoient toujours Pluto et Mickey. Voilà, c'est terminé. Je suis prête à remonter dans l'unité stérile et à nouveau, je ressens l'intrusion de ce tube avec une sensibilité exacerbée à l'épaule. Peut-on jamais s'habituer à un corps étranger ? Cette sensation ne durera que quelques jours mais pour le moment je ressens la voie centrale à chaque geste que je fais.

Je réintègre le service stérile. Me voilà de nouveau branchée aux pompes et au goutte-à-goutte qui me délivre les produits chimiques. C'est ça, la chimiothérapie ! À peine arrivée au cœur, elle est diffusée dans tous les recoins du système vasculaire.

Action immédiate pour une efficacité maximale. Je repars pour sept jours de produits à forte dose. Mais il y a un petit avantage par rapport à mon premier séjour : la chimiothérapie est plus légère. Quant aux effets secondaires, je les ai déjà vécus, ils ne me sont plus inconnus. Perte de la pilosité, nausées et fatigue. Lequel arrivera en premier ? J'ai à peine récupéré une infime longueur de cheveux mais suffisamment pour que leur perte me donne à nouveau des sensations de paille sur le visage. La Bible dit que la force vient des cheveux... Heureusement, mon look de chauve me va comme un gant. Je me sens bien sans cheveux, au point de trouver cela sexy. Je me sens plus femme !

Bien que j'aie retrouvé l'appétit depuis quinze jours, je n'ai qu'une seule idée en tête, celle de le perdre rapidement. Assez des biftecks avec haricots ou du saumon accompagné d'épinards ! Les mêmes plats reviennent toujours. Toutes les trois semaines, je retrouve le même menu. Cette nourriture, pour être stérile, reste limitée en choix et, je dois l'avouer, parfois en saveurs. Pire encore ! Je ne supporte plus les odeurs de cuisine. Bref, je ne veux plus entendre parler de nourriture.

Mon seul plaisir réside dans les boissons. Si je ne mange plus, en revanche je continue à boire. Les sirops agrémentent l'eau : comme une enfant, je jongle entre grenadine, pêche, menthe, fruit de la passion... Au moins, j'éprouve le plaisir de choisir le parfum. À défaut d'être œnologue, je peux m'autoproclamer « sirop-logue » : Les fruits de la passion ? Longs en bouche, charnus et charpentés, terre lourde et riche. Des goûts, j'en ai découvert de nouveaux ! Souvent, les personnes recevant irradiations ou chimiothérapie perdent le goût. Pour ma part, ce sens m'est toujours resté fidèle. Mais c'est aussi la raison pour laquelle je suis à ce point écœurée par les repas de l'hôpital. Même les lipides, protides et glucides administrés par voie parentérale et qui ne sont pas censés avoir de goût en ont pour moi. Les lipides ont par exemple un arrière-goût particulièrement infect. J'ai l'impression d'absorber des marmites d'huile de friture. Et pourtant, je suis belge…

En parlant de frites, voilà Nathalie, l'aide-soignante. Aujourd'hui, ce sera saumon aux épinards. Qu'est-ce que je vous disais ? Mais bientôt, je ne connaîtrai plus la faim, alors j'en profite au moins pour mastiquer.

Bonne surprise, mes affaires sont là. J'avais bien calculé en les apportant en avance. Une fois mon repas avalé, je m'attaque à la décoration de mon aquarium, le même que la première fois. À croire que j'ai pris un abonnement à la piscine. Puis je prends un livre. La lecture me permet de faire passer le temps et surtout de m'évader. En lisant un roman, je me retrouve d'un coup dans mon salon, à l'ombre d'un arbre ou encore sur le sommet d'une dune. Tout ce qui m'entoure disparaît. J'oublie l'hôpital, mes branchements… Mais ici, la lecture est un sport difficile. Je suis sans cesse interrompue par les soins, les passages dans le couloir et la fatigue qui revient au galop. Ma période de lecture intense ne dure pas longtemps. Une semaine tout au plus !

Au début de cette première soirée, je reçois la visite de Caroline. Nous nous sommes rencontrées lors de notre stage de troisième année d'études avant de devenir colocataires. À la suite d'un accident de voiture, elle a été immobilisée durant une longue période, elle sait donc combien le temps est long à l'hôpital et à quel point les visites sont un plaisir. Si j'apprécie beaucoup les siennes, je suis encore plus touchée par le fait qu'elle passe ses journées avec des personnes handicapées et qu'elle les poursuive auprès de moi. J'ai encore toutes mes facultés ou presque, mais tout de même. Ce soir-là nous discutons un bon moment et, je ne sais comment, le fil de la conversation nous fait aborder le sujet de la culpabilité.

Comment l'homme responsable de son accident a-t-il vécu l'hospitalisation de sa victime ? Et moi, avec ma maladie, comment devrais-je ressentir cette infortune de l'existence ? Pour moi, elle constitue une phase de ma vie. Elle est la base d'une expérience dont j'essaie chaque jour de tirer profit. En chercher la cause ou l'origine ne sert à rien. C'est ainsi. Je parle de la leucémie, de mes découvertes intérieures et extérieures dans ce monde clos, comme on parle de chocolat : avec émotion.

Les jours passent. Je ne les compte pas. J'arrive au terme de l'assimilation des produits chimiques. Je vais bientôt entamer la reconstruction de mon corps. Il va rebâtir tout ce que la chimiothérapie a cassé. Je suis pâle et j'ai les yeux cernés. Mes paupières alourdies me font l'impression d'être usée par le poids de toute une existence. Mes sourcils ont éclairci et les poils du nez me manquent, provoquant des éternuements occasionnels. Mes cheveux, très ras pourtant, recommencent à tomber, ce qui m'ennuie. J'en retrouve à foison sur mon oreiller chaque matin. Le seul bonheur ? La douceur de mes jambes parfaitement épilées. Par moments, j'ai l'impression d'avoir retrouvé un corps d'adolescente. Mais je connais cette illusion chimique. En témoignent mes ongles, traversés d'une longue ligne transversale qui, loin d'être naturelle, est due à la chimiothérapie.

À part étudier ma mine blême quand je suis éveillée, je m'ennuie ferme dans mon aquarium. Mais je suis tellement assommée depuis le passage de Cytosar et Amsacrine, mes guerriers chimiques, que j'ai repris un rythme de sommeil intense. Je dors sans compter. Et je rate ainsi beaucoup de visites... Mes visiteurs imprévus patientent en espérant mon réveil. Mais la belle au bois dormant ne devine pas toujours les regards posés sur elle. Parfois, je retrouve des petits mots scotchés sur la vitre, un simple « bonjour » ou des nouvelles de l'« autre monde »... Cette preuve que personne ne m'oublie m'apaise et me redonne vigueur. « S'ils croient que je vis, ils croient que je marche ! » Merci Guillaumet. Même endormie dans cet aquarium, je vis !

Ce soir, je ne trouve pas le sommeil. Aurais-je trop dormi en fin d'après-midi ? Par chance, j'ai un visiteur nocturne, Jehan. Le spécialiste de la visite inopinée s'excuse de passer si tard. Je le dispense de justification. Les visites à toute heure ne me dérangent jamais.

Sortant du travail, en costume, il joue avec sa cravate délacée et me fait part de ses petits tracas : le cœur n'est pas au beau fixe…

— Oh ! Laetitia, pourquoi je te raconte tout ça ? Tu es bien plus à plaindre, enfermée derrière ta vitre, conclut-il, confus, après dix minutes de monologue.

Je le réconforte. S'il veut me parler, ce n'est pas la vitre qui va m'empêcher de l'écouter. Ce n'est pas parce que je suis ici que notre relation doit changer, que je ne suis pas disponible pour l'écouter. Je lui exprime mon point de vue : il ne doit pas subir mais agir. Bien souvent nous nous créons nos propres problèmes et nous ne regardons pas le monde tel qu'il est vraiment.

Je ne sais plus qui m'a raconté cette petite histoire d'un homme qui veut changer le monde parce qu'il voit partout des injustices, des guerres, de la violence. Il a vingt ans et s'engage en politique. Pendant dix ans, il se démène comme un fou. Et l'amer constat qu'il tire après dix années de militantisme, c'est la vacuité de son action. À trente ans, il décide alors de changer le monde autour de lui, plus simplement dans sa commune. Après tout, la démocratie locale, c'est plus simple et plus direct. Il s'investit encore dix ans. Arrivé à quarante ans, il est désabusé : de petites choses se sont améliorées, mais l'injustice perdure. Il se rend compte que sa famille est le seul lieu où il peut espérer changer le monde. Alors, il s'investit chez lui. Il veut sensibiliser ses enfants à l'injustice, construire une famille parfaite et heureuse. Au terme de dix années d'efforts herculéens, il constate son échec avec déception : ses proches ne sont ni meilleurs ni pires. Alors, il va se coucher sur une seule pensée : « Les dix années qui viennent, je vais m'occuper de moi. Et seulement de moi. Je vais corriger tout ce que je suis, tous mes défauts, tout... » En se réveillant le lendemain matin, l'homme découvre un monde changé. Il trouve des qualités aux siens, voit sa ville fleurie, le monde riche d'espérance. Une seule chose était nécessaire pour qu'advienne ce miracle : il fallait que change son regard.

C'est ainsi que je suis dans mon aquarium et que je veux mon voyage. Ce regard, je le souhaite à tous et surtout à Jehan alors qu'il me quitte à 23 h 30 :

— Prend les bonnes décisions...

Les jours passent, la chimiothérapie est déjà loin. Je sens mon corps fragile, affaibli. Je garde la tête froide. Ma volonté reste accrochée à moi comme une pellicule de protection. Je n'en démords pas. J'attends. Je patiente. Mais jusqu'à quand ?

Ce matin, j'émerge dans un monde cotonneux. Les bruits me parviennent comme assourdis. Suis-je bien sur Terre ? Mes yeux encore ensommeillés aperçoivent Valérie, une des infirmières. Nouvelle dans le service, elle a mon âge. Elle tente de se faire discrète pour ne pas me déranger et s'occupe de ma prise de sang par voie centrale. Je la devine qui ressort à pas de souris. Elle repassera dans une heure. Donc encore une heure de sommeil. Je replonge. À son retour, c'est à moi de me mettre en route. Le cycle quotidien se répète inlassablement et ce rythme m'épuise par avance. Je m'extirpe des draps qui vont êtres changés et me rends à la salle de bains. Malgré ma faiblesse, j'insiste pour faire ma toilette. Tant que je peux rester indépendante, je conserve ce trésor sacré des malades : un peu d'intimité.

Le miroir reflète une image de moi peu satisfaisante. L'eau coule dans le lavabo, je l'entends avec retard. Je m'étudie plus que je n'en ai l'habitude : rougeurs, allergie, pétéchies... Rien d'alarmant. Je trempe ma main revêtue du gant de toilette savonné dans l'eau et me le passe sur le corps. C'est agréable et relaxant mais cela ne m'empêche pas de rêver d'un bon bain chaud... Nue devant le miroir, je savoure la température tiède qui parcourt mon torse avant d'enfiler une nouvelle chemise de nuit. Mon lit est maintenant propre comme un sou neuf. Je m'installe dessus et remercie Angélique, l'aide-soignante qui repart. Maintenant, Valérie s'occupe de mes médicaments. Elle change les poches de goutte-à-goutte. Que contiennent-elles ? Je n'en sais trop rien. C'est bon pour moi, et cette certitude me suffit. J'avale les médicaments avec mon délicieux sirop de menthe puis me repose de cette toilette éprouvante. Je suis tellement amoindrie que chaque matin je vis ce moment comme une véritable expédition. Mais je persévère. Je ne veux pas que les infirmières s'en chargent en totalité. J'ai besoin de conserver le maximum d'indépendance, je ne suis pas ergothérapeute pour rien ! L'autonomie et l'indépendance sont deux termes très importants dans cette profession, ils sont les objectifs que nous visons en permanence. Diplômée depuis juin, je n'ai pas une grande expérience mais j'ai un patient à traiter au quotidien, un remarquable sujet d'étude, un cas clinique : moi. Au risque de devenir schizophrène, je navigue en permanence de l'ergothérapeute à la patiente. Et je mets en application mon apprentissage. Cette capacité facilite mon quotidien. Du moins, je le pense et je le ressens.

Aujourd'hui, après avoir fait ma toilette, je me rends compte qu'à l'annonce de ma leucémie j'ai immédiatement intégré l'information et l'ai acceptée telle quelle. Inconsciemment, j'ai fait un parallèle avec le processus de deuil étudié dans un de mes cours. Accepter mon sort rapidement sans me poser trente-six mille questions a été ma première réaction. Je n'ai pas réfléchi et ne me suis donc pas lamentée sur mon sort. Les « Pourquoi moi ? », « Qu'ai-je fait pour mériter ça ? » ne m'ont même pas effleuré l'esprit. Et en quelques secondes j'ai mis à profit mes cours d'ergothérapie.

— Besoin de rien, Laetitia ? me demande Valérie.

— Non merci…

J'esquisse difficilement un sourire. Je suis vraiment abattue ce matin. Depuis mon entrée, j'insiste pour conserver le peu de mes activités quotidiennes. Avant la chambre stérile, en service ouvert, j'étais la seule patiente à ne pas rester en pyjama la journée. J'agissais comme tous les jours. M'habiller et faire ma toilette sont pour moi des besoins vitaux. Dans les moments de plus grande faiblesse, je pousse mon corps à s'occuper de lui-même. Je lutte en permanence malgré les commentaires des infirmières sur mon épuisement. Je leur explique qu'il est important pour moi d'agir, de faire ces quelques petites choses que je suis encore capable de faire. Même si je dois me battre, rassembler beaucoup d'énergie, j'ai encore la fierté d'accomplir ces actes simples et pauvres. Ils ont beau être minimes, ils sont capitaux. Un malade qui s'habille surpasse un champion de marathon. Certains jours, le « marathon toilette » exécuté deux fois est pire qu'une expédition en montagne. Pourtant, je m'obstine. Je continue, même au ralenti. J'ai l'air stupide ? Peu m'importe. À travers ces petits actes, j'ai le sentiment de garder un contact avec la réalité. En plus, cela m'a permis de négocier avec l'équipe soignante un infime privilège : comme je me débrouille seule pour la toilette, on me réveille en dernier le matin et je peux ainsi lézarder au soleil jusqu'à dix heures ! Comme le soleil disparaît avant d'atteindre mon visage pour s'arrêter sur mes genoux comme un gros chat tout chaud ronronnant de bonheur, je me retourne de 180° pour faire profiter le haut de mon corps du soleil. Quel bonheur de sentir la chaleur sur ma peau, même si c'est à travers deux vitres. Je pourrais quasiment me croire en vacances, surtout avec tout ce personnel à mon service ! Autour de moi, Brigitte prépare de nouveaux médicaments pour cette fille têtue qui se rêve sur une plage bordée de cocotiers. Pour un peu, les alizés feraient frissonner ma peau.

Une fois encore, les efforts de la toilette matinale m'ont épuisée. Je me rendors jusqu'à l'arrivée de mes parents. Mon père, égal à lui-même, vient discuter avec moi dans la cabine. Je l'observe, il est pressé. Sans interruption, il m'énumère tout ce qu'il a fait depuis son dernier passage. Puis il reprend son souffle et me parle de la semaine qui s'annonce.

D'une traite. Il n'arrête jamais. Il a du mal à se poser. Mais tel père, telle fille ! Il se protège pour mieux affronter ce qui m'arrive. Après m'avoir décrit dans le détail l'avancée des travaux de l'appartement de Fabienne, nous reparlons de mes papiers administratifs.

Être à l'hôpital est simple en soi. Pourtant, une autre réalité se greffe derrière mon hospitalisation : l'argent. Les patients sont plus ou moins bien remboursés. Par chance, la présence à Saint-Luc d'une assistante sociale compétente m'aide grandement. Dès mon entrée, elle a conseillé mes parents dans les démarches administratives à entamer. Elle travaille d'arrache-pied pour que je bénéficie d'un maximum d'aide. Et je ne suis pas dans la meilleure des situations, ayant toujours été à cheval entre la France et la Belgique. Administrativement d'une part et pour les prises en charge des soins d'autre part. Je ne suis couverte en Belgique que pour les soins de santé généraux, or ma leucémie n'en relève pas.

Mon dossier suit sa route, je tente de rassurer mon père. De toute façon, que faire sinon attendre ? Il soupire et repart à ses activités de maître de chantier et d'ouvriers.

Voilà ma mère qui prend le relais. Après de brèves questions sur ma fatigue, je vois son regard s'appesantir. Quand je vois ce visage, je sens venir un sujet de conversation plus délicat.

— As-tu des nouvelles quant aux questions de stérilité ?

C'est en lisant un petit document sur la leucémie que nous avons découvert cette question.

Dès le lendemain, je remets la question sur le carreau avec Éric. Je veux sortir du brouillard au plus vite. Éric me rappelle que le traitement des leucémies s'opère par chimiothérapie ou par radiations. Bon, je n'apprends rien de neuf. Il poursuit. Si pour la dernière période, appelée « intensification », nous choisissons l'irradiation, il faut savoir que les rayons sont fatals aux ovaires. Pour ce qui est des chimiothérapies en troisième phase, elles entraînent pour la plupart la stérilité. Cependant, il existe des exceptions : des femmes sont tombées enceintes après traitement. Je reste bouche bée. Ainsi, j'avais bien compris. Une vague de tristesse m'envahit. Je suis anéantie. Je n'en suis pas encore à vouloir pouponner à plein temps ou à rêver aux prénoms de mes futurs enfants, mais au fond de moi l'espérance est bien là, cachée. Des larmes pointent au bord de mes yeux. Je les refoule. Je veux en savoir plus. Sans perdre une minute, je m'enquiers des recherches dont Éric m'avait parlé. Pas de chance, il n'a pas encore eu les personnes compétentes en ligne. Il me promet de rappeler le service de recherche sur la cryoconservation dès que possible.

Le lendemain, j'en apprends plus, juste avant la visite de ma mère. Tant mieux ! Au bout de cette terrible nouvelle, il demeure peut-être un peu d'espoir. Je peux faire partie des exceptions, qui sait ? Et puis je crois toujours en l'existence d'une flamme, aussi infime puisse-t-elle être. J'explique à ma mère où la recherche en est : actuellement, il existe deux méthodes pour assurer une fécondité. Toutes deux doivent être appliquées au plus tard avant la troisième phase. La première consiste à prélever des ovules, les féconder puis les congeler. L'autre à prélever un ovaire et à le congeler.

Je ne sais quel sera mon sort mais je ne veux négliger aucune des deux options qui s'offrent à moi. Je veux mettre un maximum de chances de mon côté. Mais je ne suis pas la seule décisionnaire dans cette histoire et je n'en suis qu'à ma deuxième chimiothérapie. Chaque chose en son temps. Ma mère reçoit ces informations sans pour autant me donner son avis. Et je ne lui demande pas ce qu'elle en pense…

J'ai beau relativiser, le coup est rude. Ma gorge se serre, mes yeux se brouillent, mon estomac se tord. Je chasse rapidement l'image qui me vient à l'esprit : moi, avec un ventre rond. Je ne veux pas me laisser embarquer par des sentiments impétueux. Je dois tenir, l'essentiel est de triompher. De sortir rapidement. Ma mère a repéré mes signes de fatigue et mon besoin d'être seule. Alors, elle part se promener. Elle est toujours là pour moi, suivant mes besoins.

Je la devine en train de déambuler dans la clinique entre la cafétéria, le carrefour d'échange, les patients dont elle a fait la connaissance, peut-être le professeur, ou Guibert, un membre de notre famille par alliance qui est aumônier à Saint-Luc.

Elle revient. Elle est allée prier, me dit-elle, et a vu Guibert. Si je le souhaite, il peut passer me rendre visite. Aussitôt, je suis sur mes gardes. La religion, je ne veux pas en entendre parler. Je crains tout de suite le sermon fleuve et les exhortations spirituelles. À quoi bon venir trouver les gens dans la détresse pour leur prêcher la bonne parole ? Je déteste cette forme de récupération. Cependant, j'accepte la proposition car je ne peux résister aux visites. Une seule condition : que Guibert ne vienne pas dans l'intention de raviver ma foi. Certes, j'ai reçu une éducation catholique, mais j'ai choisi « les cliniques Saint-Luc » d'un point de vue strictement médical et non par conviction religieuse. Depuis des années, je me suis forgé ma propre foi et je vis très bien comme cela. Si bien que lors de mon arrivée dans ma chambre, j'ai ôté le crucifix, une simple croix de bois, du mur, pour le ranger dans un tiroir. Ma mère accepte de passer le message à Guibert.

Je médite sur ma chance. Mes parents ont provisoirement déménagé car la région parisienne, c'est un peu loin pour venir en visite chaque jour. Heureusement, notre famille a le sens de l'hospitalité : les frères, les sœurs… les accueillent à tour de rôle à Bruxelles. Pour eux aussi, c'est une sorte de nouvelle vie. Pas facile pour eux non plus, cette maladie tombée du ciel ! Ils ont parfois du mal à trouver un peu de répit. Certains jours, ma mère en arrive à décrocher le téléphone pour réussir à prendre son petit-déjeuner.

4

Il fait bon vivre ici, mais tout de même !

Septembre à octobre 1999. Bruxelles.
Hôpital Saint-Luc.

Les jours s'enchaînent. Combien de temps vais-je encore passer dans cette chambre blanche ? Un sablier rempli de millions de grains de sable s'écoule. Cette image surgit quand je songe à mon existence. Je suis au plus bas, alors que mes neutrophiles continuent à croître régulièrement. Paradoxe. Parfois, ils baissent mais jamais longtemps, la pente est ascendante.

La terrible fièvre qui me dévore inquiète bien plus. J'oscille entre 36 °C et 42 °C. Personne ne sait pourquoi. Cette absence de réponse m'épuise à mesure que je brûle d'une folle température. Quand j'entame la descente vers 36 °C, un froid glacial pénètre mon corps et je sens mon cœur de givre et de glace. J'ai l'impression d'être jetée nue sur la banquise. Je grelotte et mes dents claquent nerveusement. Un poisson sorti de l'eau frétille moins que moi entre ses draps blancs, blanc polaire. Et plus terribles encore viennent ces moments où je ne sens même plus mon corps. Je perds tout contrôle de moi-même. Mon esprit même ne reprend pas le dessus. Je suis dépassée par les événements, épuisée, lasse. Quand ma température se stabilise enfin à 37 °C, pour quelques heures ou quelques rares jours, je retrouve un peu de sérénité avant de dépasser les 40 °C fatidiques. Âprement, je négocie avec le médecin qu'on ne me donne rien jusqu'à 40 °C. Je me sens bien mieux à 40 °C qu'à grelotter. Si, par contre, le thermomètre atteint les 41 °C, 42 °C, je suis contrainte d'accepter les médicaments. J'exècre cette fièvre qui m'envoie aux deux coins de la planète : au pôle Nord et dans les tropiques. Immobile, je voyage, rêvant de paysages qu'un jour j'aurai devant les yeux ! Mais je dois supporter ces fréquents changements de « climat ». Alors, je patiente et surtout je cherche à trouver un rythme pour tenir. La chimiothérapie bouscule tout en moi. Si j'en crois la croissance de mes neutrophiles, je devrais aller mieux. Pourtant, la fièvre et le sommeil empoisonnent mon quotidien. Plus je reprends force, plus dormir devient difficile. Jusqu'à présent, mon organisme a assimilé la chimiothérapie en se réfugiant dans le sommeil. Et j'y ai trouvé un oubli salvateur. Mais ce sommeil de jour a bouleversé mon horloge biologique. Le marchand de sable répond désormais aux abonnés absents ! Seule dans ma chambre, chaque préoccupation devient une obnubilation, l'enjeu d'une lutte. Et le sommeil ne fait pas exception. Alors je tente de le piéger en me forçant à rester éveillée, je m'accorde à peine une sieste. Pas facile !

Pour ajouter à ces difficultés, il y a le bruit, surtout la nuit. Tout est calme, je sombre enfin et, à peine endormie, une sonnerie, un ronronnement…

Les pompes s'alarment pour mon bien et me voilà à nouveau réveillée. Parce que je m'endors toujours sur le ventre – seule position confortable –, les pompes sonnent pour signaler une voie bouchée ! À en croire les machines, ma position ne leur plaît pas… Exaspérée, je nourris une autre théorie : ces machines infernales sont l'avant-garde d'une invasion de robots. Pour un peu, la Guerre des étoiles commencerait dans ma chambre cette nuit. Heureusement, Shivra, l'infirmière de nuit, vient me secourir à chaque fois.

Pour éviter l'ennui, je cherche des distractions… Pascal dit qu'un homme livré à lui-même dans une pièce vide ne peut pas tenir une heure. J'approuve ! Ma difficulté consiste à me distraire sans trop me fatiguer. Le tout est de bien mesurer l'effort requis par l'activité et mes capacités. La télévision représente la facilité. De manière générale, je déteste cette boîte noire dont la majorité des programmes sont inintéressants, pour ne pas dire consternants. Je choisis parmi les moins pires. Une série me fait craquer : « La petite maison dans la prairie », c'est bon enfant, pas trop bruyant et cela ne me demande pas d'effort intellectuel particulier. Pas de coups de feu ni de courses poursuites qui me pèsent au bout de deux minutes.

J'écoute aussi de la musique, mais cela aussi me fatigue rapidement. Peu à peu, le silence s'impose donc à moi. J'y trouve le repos dont j'ai tellement besoin. Alors j'écoute ce qui se passe autour de moi. Mes oreilles ont appris à discerner et apprécier les voix et les intonations, à écouter derrière les portes...

Parfois, pourtant, je rallume un court instant la télévision pour me donner le frisson de la vie en… musique. Une fin d'après-midi, en présence de Fabienne, pensant la sortie proche, je retrouve un peu d'énergie. Soudain, j'explose. Je veux bouger, danser. Les battements de mon cœur et de mon sang accélèrent au rythme de la musique. N'y tenant plus, je descends de mon lit, puis remonte dessus et, au son de *Mambo Five* me met à danser sous la bouche de ventilation pour sentir un peu d'air. Fabienne me regarde, éberluée.

— Ma sœur est complètement folle ! s'exclame-t-elle.

Elle hésite à rire. Ses yeux pétillants trahissent sa joie de me voir me trémousser dans tous les sens alors que, la plupart du temps, je me repose dans mon lit, abattue par la fatigue.

Ce moment de bonheur me semble bien loin maintenant… Je me languis dans mon aquarium de verre. Les jours me paraissent d'autant plus interminables que la remontée régulière de mes neutrophiles laisse espérer une sortie de l'hôpital prochaine. Pour moi « temps » rime avec « neutrophiles ». Arrivée à 500 neutrophiles, je peux espérer quitter l'hôpital… d'ici là, je ne peux qu'exercer ma patience. Et comme pour le sommeil, cette patience devient un sujet d'étude à lui seul. Ma mère me répète souvent que je suis dotée d'une patience faite de sérénité et de ténacité.

Ce matin, je n'y comprends plus rien. Le nombre de mes neutrophiles croissait depuis plusieurs jours, de façon logique… Et puis c'est la chute. Vertigineuse. Que se passe-il ? Les machines peuvent-elles se tromper ?

Le lendemain, nouvelle prise de sang. Mes neutrophiles ont vraiment baissé sans que rien ne puisse l'expliquer. Je suis perturbée. À chaque remontée, j'évalue le nombre de jours avant ma sortie. Peine perdue ! Toute ma petite arithmétique de survie s'effondre devant le jeu aléatoire de mon organisme.

Le lendemain, mes neutrophiles remontent.

Une nouvelle journée s'annonce, après trente jours à nager dans mon aquarium. Un soleil fade peine à percer le ciel gris. Le train-train quotidien s'empare comme chaque matin de ma chambre stérile. Le lit à faire, la toilette, les médicaments, les sourires, les discussions… Tous ces petits événements de mon microcosme me sont désormais essentiels. Les plus grands bonheurs se trouvent souvent dans les choses les plus simples !

J'attrape une des bandes dessinées déposées par mon frère Henri. Je peine à me concentrer. Après quatre pages seulement, je referme l'album sans avoir le courage de poursuivre. Une fois de plus, je me repose en étudiant le monde extérieur dont je suis si cruellement séparée. Cette exclusion survenue sans prévenir, j'en ai fait une phase d'observation intense. Un visiteur passe et me salue avant de poursuivre son chemin. Je mesure alors à quel point j'ai besoin de communiquer avec l'extérieur, d'avoir des nouvelles des autres patients aussi. Si les coups de téléphone vers l'extérieur sont hors de prix, le téléphone interne, lui, ne me coûte rien. Je passe donc par la centrale et demande la chambre de la personne avec qui j'ai envie de parler : le plus souvent, il s'agit d'Olympia. Je la considère un peu comme ma grand-mère. Elle me parle de la Grèce et de sa famille. Elle commente sa maladie comme une présentatrice de météo. Après la pluie, le beau temps revient toujours ! C'est un peu une comtesse de Ségur en son genre. Partager nos états d'âme nous aide à nous sentir moins seules. Nos maladies ont aboli notre différence d'âge. Souvent, je me prends à nous imaginer nous promenant ensemble, dévalisant les boutiques et fréquentant les salons de thé… chez elle, en Grèce, pays que je ne connais pas.

Ah ! le temps, notion très relative ! Bergson l'a bien rappelée, cette opposition entre le temps mathématique des horloges, des réveils et autres montres, ce temps dont j'entends le tic-tac incessant ; et de l'autre côté, la durée pure, le temps de nos émotions. Cette attente interminable qui permet à des secondes de devenir des siècles.

Les journées passent, les saisons se succèdent. Mathématiques célestes, « mathématiques », mon cher Bergson ! Désormais, voilà reparaître l'automne. Les feuilles tombent. Le vent espiègle et joueur dénude les arbres. Et les feuilles rousses se poursuivent dans le vent comme des renardeaux fripons. L'obscurité du matin demeure plus longtemps. Voici venir le temps des journées guillotinées par la nuit aux deux extrémités du matin et du soir. Qu'il m'est difficile de ne plus avoir la lumière du jour en fin de journée ! Il fait noir si tôt. Et je dois m'obliger à me tenir éveillée encore quatre à cinq heures avant de dormir. Lutter, pour ne pas laisser le sommeil m'envahir pendant la journée m'est déjà difficile, mais je veux tenir bon. Alors maintenant, avec cette obscurité, je me mets à appréhender l'hiver. En rentrant à l'hôpital, tout patient songe à sa maladie, aux médicaments, à la douleur... Mais bien peu envisagent le temps et les saisons. Qu'y a-t-il de plus difficile à vivre ? Pour moi, le temps reste un défi posé chaque jour. Je crains l'hiver car il me semble déjà que les jours passeront encore moins vite. Je devrai encore plus patienter. Peu importe, je dois me résigner car je ne puis nourrir aucun autre choix.

Tic-tac... Tic-tac. Encore un nouveau matin. Encore un. Encore... Mon esprit embrumé force le destin de cette journée. Je me sens molle, ce matin. J'ai soif, la bouche pâteuse. Le personnel est déjà là pour refaire mon lit et changer les draps. Dire qu'en négociant de faire ma toilette seule, j'ai pu gagner du sommeil. Mais comment font les autres patients ? Comme un rituel, je fais ma toilette. Fatiguée, je m'efforce d'accomplir chaque geste avec soin, précision, sans rien ignorer. Je suis plus longue que d'habitude. Certains matins, si ma volonté ne commandait pas, je me contenterais bien plus volontiers d'un coup de gant sur le nez. Une toilette de chat, en somme. Déjà, Anne-Michèle et Angélique repartent et me laissent terminer. Seule, face au miroir, avec la chaise à mes côtés pour les cas de faiblesse, je continue. Un poignet ferme frappe à ma porte.

— Entrez...

Je m'étonne d'arriver à parler d'un ton enthousiaste, je suis si lasse. J'ai oublié en lui répondant que j'étais nue.

Guibert est là. Ce parent, aumônier à l'hôpital Saint-Luc, tient donc la promesse de la visite négociée avec ma mère. J'entends sa voix.

– Je passe juste pour une petite visite. Est-ce vraiment le moment ?... Je peux repasser plus tard.

– Non, non, installez-vous, j'arrive tout de suite.

Dans mon univers cloisonné, j'en ai oublié la stricte décence. Sans pudeur, j'ouvre la porte à qui frappe. C'est toujours le personnel infirmier, aux heures des toilettes.

J'enfile ma chemise de nuit avant de le rejoindre. Certes il m'a vu nue à son entrée – à mes yeux, la tenue la plus digne d'une femme – et je n'éprouve ni scrupule ni honte. C'est pour moi simplement naturel. Surtout dans cette chambre qui est devenue mon chez moi. Une sorte de matrice régénératrice.

Nous entamons vite la conversation. Et nous évoquons tout d'abord notre famille commune, nos connaissances. Enfin, nous glissons sur les joies de l'existence, la montagne, les surprises que la vie nous réserve, comme ce passage à l'hôpital et cette rencontre inopinée. Nous serions-nous rencontrés dehors ?

Et Guibert se montre fidèle à la parole donnée à ma mère. Pas un mot de religion, ni aucune parole tirée de l'Évangile. Il n'est jamais venu dans l'intention de ramener la brebis égarée à la bergerie. J'admire autant son respect de moi que sa fidélité à la parole donnée. Un homme de Dieu capable de montrer une telle tolérance, une telle prévenance me touche simplement. Ma conviction est simple : les croyances de chacun sont propres et intimes. Les miennes sont élémentaires et vitales. Je crois en la vie et en l'amour porté par chacun d'entre nous. Ainsi, ce moment passé en compagnie de Guibert est aussi un moment de vie, une rencontre riche et vivante. Un moment d'échange rempli d'amour. Loin de me déplaire, cette visite me charme. J'espère qu'il reviendra. Immobile, je vis cette rencontre comme celles que j'aime quand je voyage. Encore une belle surprise.

En attendant, je contemple la carte postale envoyée par Henri il y a quelque temps. J'y vois les monts enneigés dont nous avons parlé avec Guibert. Je rêve de descendre tout *schuss* dans la poudreuse. Pourtant, dehors, le ciel noir laisse percer la pluie. Pas la neige ni mes rêves d'évasions montagnardes.

Me voilà à nouveau seule dans ma chambre, face à cet univers médicalisé qui est devenu mon unique horizon : mon univers. Je vis un de ces moments de sursaut et de courage où mon esprit médite l'action. Oui, je songe et je me parle à moi-même. Il n'y a personne autour de moi pour m'entendre soliloquer :

— Il est temps de te prendre en main, ma Laetitia, pour attaquer la sortie. Tes nausées même semblent se calmer.

Et je souris. Tout de même, cet après-midi, j'ai été bien malade. J'ai vomi une bile verte fluorescente. Je partage cette nouveauté avec Patricia, qui est elle aussi toute de vert vêtue, service oblige. Après autant d'étonnement que d'interrogation, j'ai deviné que je devais cette belle coloration non à des médicaments mais à mon sirop de menthe. La vie recèle de ces surprises à l'hôpital !

Cette légère conséquence de la chimiothérapie n'entame pas pour autant ma décision : je dois réfléchir à ma sortie :

— Attaquer la sortie est une bonne idée, Laetitia !

— Mais je n'ai pas beaucoup de possibilités. Mes neutrophiles n'en font qu'à leur tête sans que je puisse les influencer, me dis-je sans conviction et dans une drôle de mise en scène où je pourrais finir par devenir schizophrénique.

Plus calmement, je contemple mon unique champ de bataille : la nourriture. Aujourd'hui, je vais essayer de manger à nouveau. L'exercice est délicat mais, comme lors de mon premier séjour, je sais l'importance de parvenir à me réalimenter seule. Pour mener à bien cette guerre alimentaire, j'ai une petite idée de ce qui me tente. Mais est-ce disponible en cuisine ? Je sonne pour appeler quelqu'un auprès de qui je puisse m'enquérir.

Jean-Yves, seul infirmier du service, est de permanence aujourd'hui. Il arrive d'un pas trotte-menu. Comme un *imperator*, César en personne faisant franchir à ses légions le Rubicon, je lui annonce ma résolution :

— Je me suis décidée de manger à nouveau. Je vais me forcer et j'y arriverai car…

— Tu veux sortir bientôt, s'amuse Jean-Yves qui décidément finit par me deviner un peu trop vite.

César a bien pris son sort en main et forcé le destin. Dans ma maladie, je veux faire de même. Je veux que mon appétit revienne, même si je dois me contraindre. Je veux hâter ma sortie. Et ma tentation du moment, ce sont des petits pots pour bébés, sucrés uniquement. Les pots salés ne m'inspirent rien et je redoute qu'ils n'aient pas plus de goût que les plats servis habituellement.

Jean-Yves m'encourage dans cette voie. Une fois de plus, je suis touchée de voir à quel point je suis soutenue et encouragée par l'équipe. Dire que je n'ai jamais manqué une seconde de leur soutien ni de leur gentillesse est le moindre hommage que je puisse leur rendre.

Toujours est-il que Jean-Yves part se renseigner en cuisine sur les goûts disponibles puis revient. Les parfums disponibles pour les compotes dessert pour bébé sont : pomme-poire ou pomme-cassis et enfin banane. Pour un test, aujourd'hui, je choisis pomme-cassis. Un moment, je m'amuse à songer que l'exploit de ma journée réside non dans la conquête de l'Annapurna mais dans l'ingestion d'un petit pot pour bébé. Beaucoup d'enfants en bas âge accomplissent cette prouesse plusieurs fois par jour.

Par miracle j'avale quatre cuillerées. C'est déjà amplement suffisant. J'attends une bonne partie du début de soirée les redoutables vomissements qui suivent fréquemment cette expérience nutritive. Rien. Il ne se passe rien. Mon estomac a tout retenu et digéré.

Une fois de plus, comme presque tous les jours, Fabienne est fidèle à notre rendez-vous. Je m'empresse de proclamer mon exploit.

Sa parole s'envole, trille d'oiseau incontrôlable. Elle est excitée. Elle pépie. À l'entendre, je suis demain dehors. Elle y croit. J'en suis émue aux larmes. J'éprouve la nette impression qu'elle se bat autant que moi. Voilà une des raisons pour lesquelles nous sommes si proches : cette furieuse et cette impérieuse espérance. Nous la vivons avec des mots différents. Mais nous la sentons nous parcourir sous la fibre de nos muscles, de nos peaux et plus encore à l'insu de nos nerfs.

Comme pour m'encourager encore, Fabienne me propose de me masser les pieds.

Un massage de détente sans appuyer trop. Dans mon état, je ne sais pas mieux recommander à ma sœur que la douceur. Chacun des gestes de Fabienne est une liturgie de tendresse fraternelle. La chaleur de ses paumes inonde mon corps de douceur. Et c'est ma sœur. Le même sang coule dans nos veines et je sens la force qu'elle veut m'insuffler par cette tendresse d'un massage si énergisant, si régénérant. Plaisir tactile d'un contact vrai et franc. Plaisir d'une vie retrouvée par le toucher.

Quand j'y songe, mon univers est un désert de sensations. Aux blouses vertes (ou blanches), aux lumières néons s'adjoint cette extrême froideur des appareillages. Alors qu'ajouter, concernant ma chambre stérile ? J'y suis limitée dans les contacts physiques. Pourtant, je m'autorise certains écarts. Dans la limite du raisonnable et de mon esprit d'impétueuse aventurière. Je frôle souvent le déconseillé en attendant le jour où je retrouverai de pleines sensations. Alors, pour m'amuser, je fais des expériences. Par exemple, je me suis octroyé l'autorisation de marcher pieds nus !

Marcher sur le lino de ma chambre, sentir ce plastique frais et souple sous la plante des pieds est un vrai bonheur. Pourtant, j'ai choisi des sabots pour pantoufles, mais je les utilise rarement. Seulement lors d'incidents, quand une bouteille se casse et répand ses beaux éclats de verre lumineux par terre ou bien après le passage de la femme de ménage, qui laisse derrière elle un sol humide et collant. Je suis tout de même attentive à ma santé. Courageuse exploratrice du monde hospitalier mais pas inconsciente. J'ai besoin de toucher, de sentir : le contact compte pour moi autant que la parole. Peut-être plus. Et je ne peux m'empêcher de penser qu'à force d'être tout simplement isolée, j'ai besoin de vivre par tous les pores de ma peau !

Quelques jours de plus. Quelques jours plus tard. Et un jour encore. Et un autre jour ensuite. Ô Dieu ! que je finis par haïr le mot même de « jour ». Dire que la création réside en sept jours... Et ma réclusion, en combien de fois sept jours ? J'ai tellement envie de bouger, de sortir ! Pourtant, mes neutrophiles ne sont pas au rendez-vous. Chaque matin, j'attends le résultat avec impatience comme d'autres attendent le tirage du loto, avec une espérance démesurée et incongrue certainement. Pourtant, je n'attends aucun prix avec des millions d'euros. Mais le tirage de neutrophiles ne consacre pas encore le grand jour. Je n'ai pas d'autres choix que d'attendre que le temps passe.

Pour me distraire, j'ai enfin reçu les éléments d'un mobile resté bien longtemps dans la chambre à formol. À moi de m'y remettre et de le confectionner. Après diverses tentatives infructueuses, je me résous à un terrible constat... Le type de constat que je déteste en vérité. L'énergie me manque, malgré ma motivation. Une triste morale s'impose à moi : la télévision seule me divertit. Alors que le principe de rester plantée devant un écran me révulse, j'y suis à présent rivée comme le dernier des aficionados.

Le temps ne passe plus, il s'explore de grille de programmation en *soap-operas* ! Je me métamorphose non en insecte – désolé, Kafka – mais en critique. Peu à peu, je deviens incollable sur les programmes que je regarde quotidiennement de onze heures du matin jusqu'à la fin du premier film de la soirée. Toutefois, lors de la sieste, je m'impose une interruption. J'agis par vertu car les *Feux de l'amour*, très peu pour moi ! Par ailleurs, le plus souvent la fatigue me gagne. Et si j'y regarde de plus près, à vrai dire, la télévision, j'en fais une overdose. Je le réalise bien, mais comment m'occuper, comment meubler les heures creuses de l'hôpital ? Plus pauvre que Job, j'essaie de faire passer le temps. J'ai beau regarder au loin dans le ciel les avions décoller de l'aéroport international de Bruxelles, partir avec chacun d'eux, et divaguer sur leur destination, ils ne sont pas assez nombreux pour m'emmener des journées entières. Malgré ces inconvénients de la vie, je fais face grâce à mon caractère fonceur et positif. Il m'est d'un grand soutien, au même titre que toutes les personnes que je connais. De près ou de loin, elles partagent mon quotidien et ses difficultés.

À bien y réfléchir, je réalise ma chance. Beaucoup d'amis me soutiennent. Je ne sais pas établir le rythme des allées et venues des uns et des autres. Quelques Parisiens, certes plus lointains, me visitent dès qu'ils viennent sur Bruxelles ou organisent une venue particulière.

Avec intérêt, je constate l'étrange rapport de mes amis et de mes proches avec l'hôpital. Lieu de guérison, lieu de mort, l'ambivalence de l'hôpital éclate en contrastes chez mes visiteurs.

Pour certains, les visites ne représentent aucune difficulté. Pour d'autres, une visite ou même un appel téléphonique constitue une frontière, une limite indépassable.

Pourtant, tous mes amis et proches ont été d'une constance admirable à travers ces heures difficiles que je traversais. Un simple appel embarrassé, une visite inopinée, un petit geste… j'ai découvert une des plus belles qualités de l'humanité à travers chacun d'eux : la compassion, et même une certaine forme de charité fraternelle active. Combien ne se sont pas payés de mots ? Je ne les compte pas. Dans mon cœur, j'ai gravé le prénom de chacun en signe de reconnaissance. Et au pied de cet ex-voto de l'amitié, un grand « merci » scintille. Je n'attendais rien de particulier de leur part. Seulement qu'ils restent mes amis. Tel qu'ils sont, avec des qualités, des défauts, et que nos relations puissent se poursuivre.

Cette amitié et ces attentions n'ont pas été les seules à humaniser les heures parfois difficiles ou lourdes d'ennui. Et, aussi surprenant soit-il, le rire a aussi été un invité d'honneur dans mon étonnant séjour. Rire à l'hôpital ? Rire en étant atteint d'une leucémie ? Oui, rire. Tout simplement. Tout joyeusement. Comme avec Paolo, un clown qui joue avec les mots et m'a accordé une visite spéciale. Reconnaissance toute particulière.

Certes, je ne mentirai pas, je n'ai pas ri chaque jour à l'hôpital.

Cependant, avec Olympia aussi, ma chère amie grecque de 69 ans, je garde le souvenir de deux semaines joyeuses. Olympia ? Si amusante ! Avec elle, je bois du vin pour donner goût à nos repas souvent insipides. Nous n'allons pas jusqu'à l'ébriété car nous sommes raisonnables. Mais le vin nous réjouit un peu le cœur. Nous nous confions des secrets et commentons notre vie à l'hôpital. Sans être sarcastiques, nous ironisons bien volontiers sur notre situation. Cette douce dérision est salutaire. Et puis, nos plaisanteries de potaches en entraînent d'autres. Elle est merveilleuse ! Oui, Olympia m'étonne par sa fraîcheur, sa sympathie et son courage. Elle me revigore.

Olympia m'apprend aussi à regarder non les médecins, les infirmières ou les aides-soignants mais les personnes par d'infimes détails :

— Laetitia, as-tu admiré les yeux bleus d'Éric ? Ils sont tout simplement éblouissants.

— Non, je n'ai pas fait attention.

— Tu regarderas demain quand il reviendra.

Et le lendemain, je comprends. Le bleu des yeux d'Éric est en effet d'un bleu profond. « Un bleu digne de la mer Égée », avait-elle précisé en bonne Grecque. Le bleu qu'elle n'a pas pu retrouver dans son pays cet été…

Néanmoins, les évocations méditerranéennes cessent vite. Ce matin, l'équipe médicale tire les rideaux autour d'Olympia. On doit pratiquer sur elle une ponction lombaire. Et Olympia souffre le martyre car toutes ses vertèbres sont soudées.

De l'autre côté du rideau, j'entends ses commentaires et ses gloussements :

— Aïe ! Ouille ! Mais non, pas là, aïe !

— Mais je vous touche à peine, rétorque Mathieu, l'interne.

— C'en est déjà trop. Je souffre ! Éric y arrivera peut-être plus facilement.

Alors, je ris, à gorge déployée. Pour dépasser la douleur, Olympia joue avec les sons dans un courage inouï. Elle a mal, sûrement, mais tourne en dérision son infortune. Cette qualité me touche.

Mathieu, ennuyé, part chercher Éric. Non seulement le médecin ne fait pas mieux, mais il sourit à son tour, gêné. Chœur de doux visages contre ce geste agressif.

— Je capitule, Olympia ! conclue le médecin. Nous pratiquerons autrement.

Ainsi prend fin le calvaire de cette matinée pour Olympia.

Début octobre. Nouveau jour. Le mot « jour », je crois que je peux le réciter dans mille langues différentes. Ce matin, je dépasse mon record des quarante jours d'hospitalisation. Je me demande vraiment jusqu'à quand je vais rester enfermée. Je dis bien : enfermée, cloîtrée, retenue, immobilisée, incarcérée… L'enfermement prête toujours à l'effervescence des mots.

Malgré l'automne et le froid, j'ai hâte de sortir.

Si mon taux de neutrophiles n'atteint pas encore les 500, je savoure une victoire certaine sur le plan nutritif. Maintenant, je mange suffisamment pour être relâchée sans danger. Et cette sortie va me permettre d'envisager d'autres soins pour pallier ma future stérilité.

Depuis quelques jours, cette question s'est clarifiée. Lors des visites médicales, j'ai abordé le sujet et nous avons planifié la séquence des interventions à venir. Tout d'abord, on va me prélever des ovules puis ensuite on prélèvera l'ovaire complètement. Mon temps est compté et il ne faudra pas trop traîner pour ne pas perdre le bénéfice de mes deux chimiothérapies. Poursuivre à temps la suite du traitement est la priorité. Et sans plus songer à une possible descendance, je me plais à rêver à nouveau à mon évasion. Je marche dehors, je cueille les feuilles de l'automne virevoltantes ! Virevolantes !

Toutefois, je sais que, même sortie, il va me falloir revenir à l'hôpital. Éric a commencé à me préparer à la troisième phase du traitement de ma leucémie. Mon traitement va se poursuivre soit grâce à une allogreffe (une greffe venant d'autrui), ce serait le mieux ; soit par une autogreffe (venant de soi-même...). L'objectif de cette greffe de moelle consiste à me mettre hors de danger de cellules malignes éventuellement restées cachées. Petit à petit, je me prépare à cette future étape, tout comme ma famille. Nous essayons tous de mieux comprendre le fonctionnement et les raisons de cette greffe. Évidemment, j'en parle le plus souvent avec Fabienne. Grâce aux recherches menées sur Internet, elle a déjà collecté beaucoup d'informations. Discuter du sujet nous permet de confirmer la bonne ou la mauvaise interprétation des lectures. Après tout, nous ne sommes pas médecins.

— L'allogreffe est le meilleur remède dans mon cas. En revanche, elle exige de trouver quelqu'un de compatible. Et les donneurs compatibles ne se trouvent pas à chaque coin de rue. Tout dépend du code HLA, dis-je doctement à Fabienne.

– Explique-toi, tu me parles chinois…

Fabienne alors, papiers en mains, scrute les lignes. Nous reprenons ensemble HLA pour refrain cérémoniel. HLA – Human Leucocyt Antigen –, code de compatibilité entre le donneur et le patient. Cette recherche de concordance ressemble un peu à celle des groupes sanguins, mais en plus complexe. Certes, il existe des banques de dons de moelle mais l'équipe médicale cherche toujours – et en priorité – dans la fratrie. Les chances d'y trouver le donneur favorable restent les plus élevées. C'est génétique et statistique.

Après ma sortie, une prise de sang sera le test conduit auprès de mes proches. Ma sœur, Ségolène, l'a déjà faite avant son retour au Chili. Les autres ne perdent rien pour attendre, songé-je en souriant. Oui, je suis heureuse d'évoquer cette greffe avec Fabienne car alors, ce sera mon dernier séjour, et après… la sortie, la liberté, la vie.

Fabienne repart. Je rallume la télévision. J'ai retrouvé toute mon énergie. Seuls mes neutrophiles manquent à l'appel.

Le lendemain, de retour d'un examen médical dans les étages inférieurs, je croise Mathieu, l'interne du service.

– Et les neutrophiles ? s'enquiert-il gentiment. Petite mine, ce matin…

Alors, devant la double porte battante du service stérile, je quitte mon brancard avec une idée soudaine. Si Mathieu veut tester ma résignation, il va voir.

— Regarde, Mathieu. Tu vas voir que je suis prête à sortir !

Déterminée, j'empoigne le tube de 6 mètres qui me relie aux pompes accrochées sur le pied à perfusion.

Et une, et deux, et trois, je fais de la corde à sauter.

Après un instant de stupéfaction, Mathieu ne résiste pas au sourire. Et je le vois surpris et heureux. Dans son regard, je lis l'émotion. Lui aussi se bat à mes côtés, lui aussi veut que je sorte. Il n'en doute pas.

— Alors ? J'ai encore une faveur à demander : peux-tu s'il te plaît faire passer le message ?

— Laetitia, retourne dans ta chambre, maintenant. Je te promets d'évoquer tes exploits olympiques ... et ta volonté aussi.

Bien sagement, je regagne mon aquarium. Sur mon lit, je passe ma journée à rêver de la vie... dehors.

Aujourd'hui, serait-ce le bon ?

À pas de souris, Christine vient pour la prise de sang. Elle change aussi le sachet d'hyper-hydratation puis repart. À 8 h 30, elle revient accompagnée de l'aide-soignante, me réveille et elles refont le lit. Comme je suis réveillée, je vais faire ma toilette.

10 heures, Christine revient. Un sourire en coin.

— Laetitia, les neutrophiles sont à 510, jubile-t-elle, tant elle devine ma joie.

Gagné ! C'est gagné ! *Yes !*

Si je le pouvais, je l'inviterais dans une danse improvisée. Je suis tellement heureuse. Enfin, j'ai atteint la ligne d'arrivée. Combien de fois le but s'est-il dérobé à mes yeux ? Deux fois, j'ai craqué. Par des larmes libératrices, recroquevillée sur moi-même, j'ai laissé échapper mes difficultés, ma souffrance. Mais j'ai tenu bon.

Maintenant, je souffle. La pression accumulée s'envole. Je me sens légère et libre. Mon bonheur se communique et arrive droit à son cœur. Christine me passe une main affectueuse dans le dos, félicitant ainsi mon courage et ma persévérance. Elle reste muette devant ma victoire qui l'émeut. Malgré le grand professionnalisme de l'équipe médicale, des sentiments nous lient. Patients de longue durée, nous sommes plus que de simples patients. Nous luttons ensemble contre cette leucémie.

Aujourd'hui, je suis sûre de sortir. Je salue le courage qui m'a tenu jusqu'à cette nouvelle. 510 neutrophiles ! Je ne rêve pas. Mais je ne dois pas m'emballer trop vite car seul le médecin décide de la sortie. Encore quelques heures de patience avant que le verdict tombe. Des heures longues comme une éternité.

Je suis excitée comme une puce à l'idée de quitter cette pièce et pouvoir marcher plus de cinq pas. Je vais retrouver mes proches, mes amis. Je vais vivre. Je regarde la télévision sans me souvenir du moindre film. Mon esprit chauffé à blanc organise déjà la vie dehors.

Éric arrive alors.

– Laetitia, je te félicite. Tu as été bien courageuse, et c'est gagné : tu sors.

— *Yes ! Yes ! Yes !*

Trompette de la résurrection, mon cri réveillerait les morts. Tempéré, Éric me rappelle les grandes règles de ma sortie et de ma « vie extérieure ». Nous accordons nos violons d'autant plus facilement que je connais la partition de mes obligations. La première consultation est fixée dans trois jours. De toute façon, j'appelle si j'ai besoin. Je le remercie du fond du cœur et ne le retiens pas trop car je ne suis pas seule : cinq autres patients attendent dans le service.

Le changement d'équipe a déjà eu lieu et c'est Brigitte qui vient retirer ma voie centrale. Je connais la manœuvre. D'un coup de bistouri, elle va libérer les deux points de suture, me demander d'inspirer à fond et… chose exceptionnelle, Brigitte ne doit pas couper les points, ils sont décousus. Heureusement que je n'ai pas tiré sur ma voie centrale, sinon il aurait fallu en reposer une nouvelle. Et dire qu'il y a deux jours, je sautais à la corde. Je suis vraiment « malade » ! Brigitte me dit d'inspirer fort puis tire d'un coup et voilà, c'est fait ! Je n'ai rien senti, une fois de plus.

Maman a prévu de venir cet après-midi. Elle reste sur le qui-vive. Ma sortie ne s'en organise que mieux. Elle appelle et je lui annonce la bonne nouvelle. Je range mes affaires et laisse la place pour un autre patient. Je quitte mon aquarium et j'assouvis mon désir de marcher dans ce couloir de l'unité stérile. Je vais jusqu'au bout où se trouve le bureau. Alors, émue, je remercie l'équipe présente et je me dirige vers la sortie. Tous m'accompagnent et partagent mon bonheur. Aujourd'hui… voilà le quarante-sixième jour de ma seconde hospitalisation. Quarante-six jours confinée. Quarante-six jours dans un aquarium, partie parcourir la planète à mes heures, dans un voyage déroutant et riche.

Dehors, l'air frais frappe mes poumons. L'odeur des feuilles mouillées. L'espace immense du ciel me grise. Je serre la main de ma mère. Enfin, je suis libre !

5

Mes futurs poissons, faut les sauver

Novembre 1999. Bruxelles. Entre maison et gynécologue.

Voilà mon chez-moi. Enfin, celui d'avant ! Je respire de bonheur dans mon appartement tout propre. Ma mère ne néglige rien pour m'aider. Désormais, mon rythme change. Je ne suis plus à l'hôpital où toute une équipe s'occupe de moi. Je deviens le chef d'orchestre de mes soins. Je veille à mes consultations à l'hôpital et j'amorce le tournant gynécologique de ma leucémie. Petit à petit, je recouvre mon énergie.

Cette seconde sortie engage la poursuite d'un nouvel objectif pour moi. La suite de mon traitement va engendrer des dégâts irréparables dans mon organisme, en touchant notamment mes organes reproducteurs. Maintenant, je dois tenter de protéger ce qui peut l'être. D'un commun accord avec l'hématologue et la gynécologue, nous allons tenter les deux techniques existantes pour me laisser une chance de fertilité. Et sans traîner. Le reste dépendra des progrès de la recherche.

La première étape est celle de la stimulation pour une ponction d'ovule. Ensuite viendra le prélèvement d'un ovaire. Je suis au plus près ce qui me concerne. Pourtant, l'expérience de ces derniers mois m'a appris à m'attendre à d'éventuelles surprises. Si le corps est plein de ressources, l'existence est aussi riche d'imprévus.

Après un nouveau rendez-vous chez la gynécologue, je rentre avec une pile de médicaments, de l'Humegon, du Decapeptyl... Tous ces noms ne m'évoquent rien. Plus encore, je dois gérer un planning dans lequel alternent piqûres et rendez-vous pour diverses prises de sang et échographies. Je dois de surcroît m'organiser avec une infirmière qui passe à domicile pour les piqûres. Uniquement les intramusculaires puisque je suis décidée à m'occuper des piqûres sous-cutanées. Plus je reste indépendante, mieux je me porte. Tête brûlée ? Peut-être. Je veux surtout essayer. Plus encore, je tiens à tester mon sang-froid. Tout est bon pour commencer. L'objectif des soins en cours consiste à stimuler mon ovaire pour qu'il produise un maximum d'ovules.

Ce soir, j'apprends l'art de m'administrer une piqûre. Je suis comme une petite fille de 7 ans qui jubile de jouer à l'infirmière. De précieux conseils m'apprennent les gestes de base avant toute injection. Je m'installe confortablement et déplie un mouchoir propre. J'y dépose mon nécessaire : la boîte de lingettes alccolisées, la boîte de récupération des aiguilles, les ampoules de sérum et la seringue. En vraie professionnelle, minutieusement, je casse le bout des ampoules, décapuchonne l'aiguille et prélève le produit. J'ai déjà tellement observé ces gestes à l'hôpital qu'ils me sont familiers. Attentive et l'œil rivé sur la seringue, j'élimine l'air jusqu'à percevoir la petite goutte perler au bout de l'aiguille. Je suis fin prête pour la suite !

C'est en petite tenue que, jouant tout à la fois l'infirmière et la patiente, je choisis une cuisse pour me piquer. Je désinfecte, pince la peau et une, deux... non, non... non, non. Je n'y arrive pas. Où se cache mon courage ? Allons. Je recommence. Un, deux, trois... non, non, toujours pas. L'aiguille s'est arrêtée comme un gros moustique immobile à quelques millimètres de ma peau. Eh bien ! mon sang-froid me trahirait-il ? Je me gronde. À nouveau : un (bien appuyé et bien fort), deux (decrescendo et ému)... et... trois (tout mou). Non, non, pas encore.

Je rage et je me sens idiote. Où sont mes belles résolutions ? Ai-je surestimé mes forces ? Alors j'arrête de tergiverser. Si je m'interroge trop, si je me focalise sur un comptage, je vais encore hésiter. Un, deux, trois, pique ! Enfin. Toute l'aiguille est dans la cuisse et je n'ai rien senti. Je me suis fait toute une montagne pour rien. La seconde phase consiste à retirer le poussoir de la seringue pour vérifier que je ne suis pas dans une veine. Mais comment m'y prendre ? Je n'ai que deux mains et l'une tient la peau plissée quand l'autre maintient la seringue dans la peau. Pas question que je lâche. Par chance, Jehan, mon bon voisin et visiteur nocturne, se trouve là. En bon colocataire, je l'appelle au secours car je suis bloquée. Il accourt de la chambre d'à côté et juge de la situation avec surprise.

— Que se passe-t-il ?

— Peux-tu tirer le poussoir de la seringue pour vérifier que l'aiguille n'est pas dans une veine ? Tiens aussi la seringue !

— Comme ça ?

— Oui. Maintenant, tire. Doucement, hein !

— J'y vais !

— Stop, pas plus.

Tout est bon. Soulagée, j'écrase le poussoir et le sérum se répand dans ma cuisse. D'un coup, je retire l'aiguille et relâche la peau. Avec une lingette alcoolisée, je frotte. Je dois être attentive sur le chapitre de la désinfection. Il ne faut pas d'impuretés. Sinon, ce serait la catastrophe dans mon état : immuno-déprimée.

Finalement, une piqûre, ce n'est pas sorcier. Il faut simplement une bonne dose de courage pour la première. Je craignais la douleur, alors que je n'ai rien senti. Quelle histoire ! Mille fois remercié, Jehan repart. Désormais, je m'en tirerai toute seule.

Peu après dans la soirée, je rencontre pour la première fois l'infirmière qui vient s'occuper de mes autres piqûres. Présentation brève, air sympathique, elle travaille à la course et doit se dépêcher. Des patients âgés l'attendent. Tant pis pour moi qui aime discuter et découvrir les gens. Sans discuter, je lui présente ma fesse, qu'elle pique comme la cible d'une fléchette dans une fête foraine. Je sens le produit. Il se diffuse mais, à l'exception d'une sensation désagréable, je ne ressens pas de douleur particulière. Tant mieux. Pressée, elle remballe ses affaires. J'ai à peine le temps de la saluer qu'elle a disparu.

Jour après jour, les piqûres dont je m'occupe ne me posent plus de soucis. J'ai pris le pli… dans mes cuisses. En revanche, les piqûres intramusculaires me portent, plus que de raison, à la colère. Mon infirmière, loin d'être ponctuelle, accumule les retards ; surtout, comme par hasard, les soirs où j'ai planifié un spectacle ou un dîner. Pire, quand je lui laisse des messages sur son téléphone portable, elle ne me rappelle jamais.

Tandis que vingt heures sonnent, Vanessa et Alexis, des amis avec lesquels je sors, carillonnent déjà à la porte. J'appelle encore et encore mon infirmière. Enfin, elle décroche. À moitié soulagée, je lui demande où elle se trouve. Moi, je l'attends, je pars bientôt, je....

— Ah ? mais j'ai fini ma tournée. Je viens de rentrer chez moi. Je ne savais pas qu'aujourd'hui...

Mon sang bout de rage : elle m'a oubliée ! Je n'en crois pas mes oreilles. Je dois trouver une solution. Vite. Je vais passer chez elle. Elle me piquera le cuir là-bas.

Par bonheur, mes amis compréhensifs m'accompagnent. Nous retarderons seulement notre apéritif d'une demi-heure.

Heureusement, la vie reprend sans cesse le dessus. Et j'arrête de penser à mes soins et mes divers rendez-vous. Les journées, je me repose, encore beaucoup. Et puis comme je sors chaque soir, je dois reprendre un peu de force en journée.

Ce soir, nous dînons entre amis. Je raconte à Marilyne mon épopée de toréador muni d'une seringue en guise de banderille. Elle sourit, tant elle me reconnaît bien. Je ne l'étonne qu'à moitié. Je suis contente de nos retrouvailles chez moi, dans cette maison de colocataire. Je reconnais les miens et mes amis à ce seul sentiment : le temps semble ne pas avoir passé depuis notre dernière rencontre.

Nous partageons notre repas avec ceux qui sont présents dans la maison. J'aime cette vie en communauté où le partage et l'ouverture aux autres fondent une règle essentielle. Nous rions et parlons espagnol avec Luis, un Chilien, qui loge avec nous pour deux mois. Malgré mon énergie retrouvée, j'ai besoin de beaucoup de sommeil. Aussi, je pars me coucher comme une mamie. J'embrasse Marilyne de tout cœur. Comme il est bon de retrouver contact avec le monde, avec les joues de Marilyne. Je réalise à quel point l'absence de gestes physiques est une des grandes pauvretés des patients en unité stérile. Encore aujourd'hui n'y ai-je droit qu'avec parcimonie.

En cette fin d'octobre, je flâne dans le parc du Cinquantenaire. Le soleil brille et j'aime sentir l'air frais caresser ma peau. Mon corps conserve la mémoire de cette sensation. Mais l'éprouver est encore plus agréable. Je goutte tellement à ces caresses que j'imagine passer des heures et des jours à ne rien faire d'autre qu'à me remplir des sensations environnantes. À la vérité, tous mes sens sont à l'affût. Mes yeux. Mes oreilles. Mon nez. Le monde entier me paraît nouveau. Je m'en régale et j'en abuse. Dans ces moments-là, la vie m'apparaît simple et limpide. Oui, la vie, c'est tout simplement ces bonheurs. Je ne songe plus à mes examens, à mes futurs traitements. Non. L'air frissonne encore, des oiseaux pépient.

La maison est vide. Tout le monde vaque à ses occupations. Seule, je prépare mon déjeuner avant une sieste bien méritée. Aujourd'hui, j'attends l'infirmière à 16 heures. Elle n'arrive pas. Comme je ne suis pas pressée, je laisse filer le temps en lisant. Avec plus de trente minutes de retard, elle franchit le seuil de mon appartement. Débordée, elle ne m'a pas appelée. Étonnée, je ne dis rien mais ne trouve pas son attitude très professionnelle. Elle m'administre la piqûre et puis s'en va comme elle est arrivée. Soucieuse, sans une parole. Pour ne pas lui donner plus de travail, je m'occupe des aiguilles et de ranger les produits. Je m'interroge sur ce qui la mine au point d'en oublier la moindre chaleur.

Déconcertée, je raconte cette visite à Frédéric. Avec patience, il m'écoute. Il comprend et me propose une sortie au restaurant. Je jubile de sa prévoyance et de sa façon de racheter mes heures difficiles par de bons moments. Ce soir, il veut me mener à la découverte d'un nouvel endroit. Nous passons une belle soirée tête à tête, dans une ambiance feutrée. Je renoue d'une certaine façon avec la réalité. Dans ces moments, j'oublie tout, ma leucémie, les rendez-vous chez le gynécologue…

Avec ma leucémie, plus grand chose ne peut m'étonner. Pourtant, ce matin, je tombe des nues à l'annonce d'un rendez-vous obligatoire par la gynécologue… avec Frédéric. Lui aussi est impliqué dans la sauvegarde de ma fertilité. Préliminaire surprenant, nous sommes convoqués tous deux chez le psychothérapeute familial. Grande est ma hâte de découvrir de façon plus précise la tournure de l'entretien.

Je suis consciente que la leucémie m'a conduite au monde de la fécondation *in vitro*. Aussi, pour conserver un ovule, il faut le féconder avant la congélation. Mais de là à rencontrer un psy familial, je m'interroge. De toute façon, nous ne pouvons y échapper car cette démarche reste obligatoire... Alors, en avant !

Docile, Frédéric m'accompagne. Beaucoup de questions tournent dans sa tête. Le psychothérapeute nous reçoit à l'heure, mettant fin à nos réflexions. Avec ma vie hors du temps, à l'hôpital, j'ai perdu mes repères.

Loin des clichés imaginaires du matin qui traversent mon esprit, le psy ressemble moins à un vieux mage, aux cheveux filasse et au regard fou, croupissant derrière un bureau et s'exprimant avec des mots et des théories démentes. Non, le jeune quinquagénaire, l'œil pétillant de bonté, nous salue avec un large sourire et nous invite à entrer. Il se présente puis nous explique la raison de l'entretien : sa mission consiste à sonder les motivations de notre couple face à la fécondité. Il doit juger notre maturité.

— Vous nous recevez pour ça ? !

Je suis estomaquée, interloquée. Je me trouvais à dix mille lieux de cette idée. Alors, la discussion s'emballe. Nous assommons le brave homme de nos questions d'ordre éthique, biologique ou simplement pratique dans le domaine de la fécondité. La discussion nous passionne. Une heure plus tard, nous le quittons sur une bonne poignée de main. Sa porte nous reste ouverte. Nous le savons et cette proposition nous paraît des plus précieuses.

Je suis un peu secouée par cette rencontre. Je n'aurais jamais imaginé que la leucémie me conduise un jour chez un psychothérapeute pour des questions de maturité de couple, et que je découvre le milieu de la fécondation dans ces conditions. Mille idées se bousculent en moi. Dans ma tête dansent les possibilités offertes par la recherche. Si elles ne donnent aucun résultat, je serai stérile. Définitivement stérile. Oui, ma gorge se serre à cette seule idée.

Tous ces éléments demeurent incertains aujourd'hui. Même si les techniques de conservation sont validées, la suite est à voir. Ni validées, ni au point, elles représentent, au mieux, des chemins d'expérimentation sans garantie de résultat. Mais tout le monde y croit. Ce rendez-vous avec le psychothérapeute marque un pas de plus dans mon cheminement. Je dois accepter l'idée que les meilleures techniques au monde ne sauveront peut-être pas ma stérilité programmée. Volontaire, malgré les incertitudes existantes, je veux une fois de plus mettre toutes les chances de mon côté pour dépasser ce nouvel obstacle.

Alors que, doucement, j'organise ma vie et que j'ai tout pour être heureuse, un étrange sentiment vient m'habiter. Mon humeur s'altère. Agréable et gaie d'habitude, je me sens à présent délaissée et très irritable. Pire, je deviens paranoïaque par moments et j'imagine que tout le monde m'en veut. Très susceptible, la moindre remarque ou parfois simplement une idée provoque chez moi des larmes sans raison.

Que se passe-t-il ? Je n'y comprends plus rien. J'essaie de comprendre les raisons de cet état.

Ainsi, hier nous avons vadrouillé à Dunkerque avec Frédéric. Après une belle journée à goûter la lumière et l'air pur, nous avons dîné dans un restaurant au cadre charmant. J'avais tout pour être heureuse. Et pourtant, alors qu'un délicieux plat de poisson fume sur la table, je commence à pleurer sans raison particulière. Je ne comprends pas. Je ne maîtrise pas mes larmes. Je ne vaux rien. Je suis plus bas que terre… Je perds pied.

Frédéric me rassure du mieux possible. Lui aussi essaie de comprendre, tant il ne me reconnaît pas. Ces brusques changements d'humeur me surprennent de plus en plus. À quoi est-ce dû ? Serait-ce un effet des injections ? Une lassitude de tous les soins reçus ? Un contrecoup ? Je n'en sais rien. Je suis perdue.

Une nouvelle fois, je me rends à un rendez-vous médical. J'ai pris l'habitude de dire bonjour à « mon ovule ». Cette expression m'amuse. Ce matin, je croise Cathy dans le couloir, une des infirmières de la FIV (fécondation *in vitro*) avec laquelle j'ai des affinités et une connaissance commune. Elle sait pourquoi je viens : prise de sang et échographie. Mise en confiance par sa gentillesse et le bon *feeling* qui nous lie, je lui raconte les derniers événements. Oui, je vais bien. Oui, Frédéric est gentil et s'investit à sa façon… Oui, mais… je n'arrête pas de pleurer pour un rien. Je me sens délaissée, abattue.

Alors, Cathy me donne enfin une explication à cet état inconnu auparavant. Les piqûres reçues peuvent provoquer des symptômes similaires à la ménopause. J'en subis les changements d'humeur sans en avoir été avertie. Ce n'est donc que ça ! Par chance, je ne ressens aucune bouffée de chaleur. Soulagée, je remercie Cathy qui met fin à mon grand point d'interrogation. Au moins, je sais à quoi m'en tenir.

En salle d'attente, j'attends toujours ici mais pas trop longtemps tout de même. Tant mieux. Le professeur m'appelle pour l'échographie. D'habitude, les femmes qui suivent un traitement identique au mien produisent une dizaine d'ovules, moi je n'en ai qu'un. Pas le choix. Nous devons compter sur lui. Il représente l'unique chance d'avoir une postérité par cette technique. Je hasarde l'idée de recommencer le traitement... Le professeur en hématologie refuse formellement. Le temps est trop compté. Rallonger les délais entre la seconde et la troisième phase de traitement pourrait tout faire échouer. Mettre en péril tant de travail et surtout l'essentiel, ma vie, n'est pas envisageable. Pourtant, cette image en noir et blanc, où j'essaie de distinguer mon ovule qui grandit et grossit représente aussi la vie.

Parallèlement, la recherche, au sein de ma fratrie, de l'éventuel donneur pour la greffe de moelle est en cours. À leur tour, Fabienne et Henri ont été convoqués à la clinique pour la prise de sang. Si l'une de mes sœurs ou mon frère sont compatibles, ce serait le scénario le plus favorable. Par déontologie, les résultats sont envoyés par courrier à chacun, sans que je sois prévenue d'une éventuelle compatibilité. Cette manière de procéder veut conserver le sens originel du don comme un acte généreux. Il faut laisser à chacun la possibilité de donner, volontairement, sans obligation, sans pression morale ou autre. Tout en ayant à cœur de respecter cette démarche, nous allons nous livrer à une légère entorse. Nous nous sommes entendus avec les médecins et surtout avec Ségolène. Chacun recevra son courrier mais celui adressé à Ségolène, qui se trouve actuellement au Chili, me sera adressé. Et je l'ouvrirai. À chacun son enveloppe !

Depuis que je vis à nouveau chez moi, le temps passe très vite. Entre l'occupation avec Frédéric pour assurer l'arrivage de turbos de Noirmoutier, un trajet par-ci puis un autre par-là en Hollande, Allemagne ou France, quelques visites, sans oublier les consultations à la clinique, je vadrouille en permanence.

Seul point fixe dans cette vie agitée : mes piqûres. Frédéric aussi est mis à contribution. Car, qui dit fécondation de mon ovule, dit aussi besoin de son sperme, et pur ! Il a dû accepter aussi un traitement – assez simple – sous forme de pilules. Ainsi, le jour du prélèvement, l'échantillon sera impeccable et, espérons-le, très fertile.

La fin de la série des piqûres approche. Exceptionnellement, Fred m'accompagne à la consultation d'hématologie. Je vois Éric aujourd'hui. Depuis notre première rencontre, nos relations ont évolué. J'apprécierais de développer une amitié, mais elle semble impossible. Nous devons rester dans une relation patient/médecin. Seule concession dans nos rapports, nous avons abandonné un vouvoiement à nos yeux des plus désuets.

— Bonjour Laetitia, comment vas-tu ?

— Très bien, merci.

— Tu t'entends bien avec tes sœurs, n'est-ce pas ?

— Oui.

— J'ai une excellente nouvelle pour toi : l'une est compatible.

— C'est génial, ça !... Mais laquelle ?

Pas de réponse. Je bénis Eric pour cette entorse, de m'avoir annoncé l'existence d'un donneur compatible mais j'attends la suite. Et non. Déontologie, quand tu nous tiens. Mon cerveau divague en imaginant tantôt Fabienne compatible ou tantôt Ségolène. Je joue à la devinette. Et je mise sur le hasard comme une pièce de monnaie lancée en l'air. J'ai des présomptions envers Fabienne. Plus facile, à cause de sa présence en Belgique, je la connais aussi mieux que Ségolène qui, trouillarde de nature, redoute les piqûres et les actes médicaux, qu'elle fuit autant que possible. Mais à chaque fois la pièce retombe sur la tranche. Après tout, je me moque que ce soit l'une ou l'autre. J'ai un donneur compatible ! Vive la vie ! Folle de joie, car tout est en ordre pour l'hématologie, je file avec Frédéric en gynécologie.

Je dois vérifier un point. Dans le couloir, Cathy, toujours présente, tombe à pic. Frédéric partage avec l'infirmière son étonnement. Depuis hier, il a terminé ses pilules et n'a aucune nouvelle du service. L'équipe médicale se focalise tellement sur la femme qu'elle en oublie... l'homme. Cathy, surprise, prend les devants. Elle nous remet un petit pot stérile pour le prélèvement de liquide séminal. Pour éviter d'altérer le prélèvement, il ne doit pas y avoir de perturbation dans la composition du sperme. Cela signifie :

pas de pénétration, pas d'aide buccale : du travail manuel en perspective...

Quant à l'endroit, Cathy nous explique qu'il existe une salle grise, triste et exiguë. Bref, un décor qui ne favorise guère les fantasmes. Elle nous conseille de nous débrouiller pour trouver un lieu plus sympathique.

Devoir se retrouver à donner un échantillon de sperme pour raison médicale reste difficile. Alors, en plus, si le cadre n'aide pas... Nous voilà donc, Fred et moi, avec ce petit pot de plastique, désemparés et l'air un peu idiots.

Connaissant les coins et recoins de l'hôpital Saint-Luc, j'invite Frédéric à me suivre. J'ai une idée en tête concernant l'endroit où nous pourrons être tranquilles. Comme nous sommes deux, trouver un coin discret ne s'avère pas trop difficile. Ensuite, il faut reconnaître qu'avoir quatre mains reste plus facile que d'en avoir deux pour ce type de prélèvements. De plus, être en couple favorise les choses, en plus d'être plus amusant et plus agréable. Mon côté défi prend le dessus pour récupérer la sublime substance. Avec une légèreté et un décalage, j'emmène Fred, qui n'aime décidément pas les hôpitaux. Je le remercie de ses efforts et mesure à quel point il est important d'être ensemble dans cette situation. Situation inédite, entre fantasme et tendresse dans un monde scientifique perfectionné. Notre échantillon mis en boîte, nous revenons au point de départ et remettons le précieux trésor à Cathy. Un spermatozoïde y sera choisi pour féconder l'ovule bientôt prélevé.

Samedi. Jamais je n'ai attendu un jour avec autant d'impatience qu'aujourd'hui – sauf peut-être les sorties d'hôpital. Face à face, Fabienne et moi tenons nos enveloppes. Comme convenu, je vais prendre connaissance des résultats de Ségolène. Échange d'un bref regard avant que nous décachetions nos courriers respectifs. Le cœur battant, j'ouvre délicatement le pli. Un peu de suspens et je découvre que Ségolène est compatible avec moi. Je suis un peu surprise. À la suite des paroles du médecin, j'imaginais que Fabienne était l'heureuse élue. Déconcertée, je relis le document les yeux dans le vague. En réalité, peu importe qui est compatible, c'est tous ceux qui voulaient contribuer à ce don de moelle qui m'offrent cette grâce. Seul, l'éloignement de Ségolène complique la tâche. La bonne nouvelle déjà connue depuis quelques jours consiste dans cette allogreffe. Toutes les chances basculent ainsi de mon côté. Mon traitement sera optimal. Les doigts brûlants, j'envoie un mail au Chili avec la lettre en copie.

Cette nouvelle est une joie pour toute la famille, Ségolène y compris. Pourtant, elle déteste les piqûres et tout ce qui touche à la médecine. Elle va faire cet effort pour moi. Je le sais et, émue, je lui en suis d'autant plus reconnaissante. En attendant, elle doit organiser son retour du Chili entre fin novembre et début décembre. Mais sans plus de précision pour la date. Son arrivée dépendra du rythme auquel se poursuit mon traitement du moment et de la disponibilité d'une chambre stérile.

C'est la fin des piqûres. Tant mieux. Le prélèvement de l'ovule est envisageable. Trois jours se sont écoulés depuis mon dernier passage à Saint-Luc.

Une fois de plus, je suis face à la gynécologue et à cet écran noir et blanc où je regarde, intriguée, mon ovule. Cette fois, elle estime qu'il a la taille idéale pour être prélevé. Après quinze jours de stimulation ovarienne, j'écoute bien attentivement toutes les directives et note le rendez-vous pour après-demain. Je viendrai à jeun, comme convenu à cette intervention. Avec les brèves explications, je pars sereine. Pas de quoi m'en faire une montagne.

Je rentre à la maison, soulagée d'être débarrassée des piqûres. Ma petite joie consiste à appeler l'infirmière inconstante pour l'avertir que nous n'allons plus jamais nous revoir...

Ce soir, c'est presque la fête à la maison. Nous nous offrons un repas convivial entre colocataires et amis de passage. Si je n'avais pas les cheveux ras, rien n'indiquerait ma maladie. Je monte simplement me coucher avant les autres, ayant toujours besoin de sommeil supplémentaire.

Le lendemain, je reste tranquille chez moi. Je bouquine et réfléchis au retour de Ségolène. Comment nous organiser ? Il n'est pas facile de concilier l'achat d'un billet d'avion au tarif avantageux et la contrainte d'une date en point d'interrogation. D'autre part, même si son employeur se montre conciliant, elle doit aussi s'organiser professionnellement.

Vendredi, aux aurores, accompagnée de Frédéric, je file pour Saint-Luc. Il me laisse devant l'entrée et part garer la voiture avant de me rejoindre. En passant dans le hall, l'odeur alléchante des pâtisseries me tente. Je n'ai pas déjeuné. Alors, je ne me prive pas du plaisir d'un chausson aux pommes. Sitôt acheté, sitôt entamé. Je prends l'ascenseur pour le dixième étage, rendez-vous à la fécondation *in vitro*. À l'étage, je suis accueillie par Yvette, une infirmière de la section qui a des yeux bleu-vert merveilleux et un ton gai permanent. Après un rapide bonjour, elle poursuit très gentiment, le sourire aux lèvres, sur un ton affirmatif :

— Ne t'avait-on pas demandé de venir à jeun ?

— Ah si ! oui. J'avais complètement oublié. Dubitativement, mes yeux se posent sur mon chausson à demi dévoré.

— C'est grave ?

— Ce n'est pas gravissime. Je vais le signaler au professeur et voir si l'intervention doit être reportée ou si nous pouvons la réaliser en changeant les produits prévus pour ton anesthésie.

— Et maintenant, je peux quand même finir mon chausson ou pas ?

— Eh bien ! oui, c'est déjà trop tard. Alors, profites-en !

Quelques instants plus tard, Yvette, de retour, me confirme que l'intervention est maintenue. La seule nuance, c'est que j'aurai une anesthésie partielle mais dans un état de parfaite conscience. La gourmandise m'a fait oublier la consigne la plus élémentaire de toute anesthésie : le jeûne. Oui, cette recommandation m'a échappé. Et je me demande même si elle est entrée dans ma cervelle.

Les aiguilles de l'horloge marquent neuf heures. C'est le moment de rentrer au bloc opératoire. « Bloc » est excessif pour désigner cette pièce aménagée pour les prélèvements. Je m'installe sur la table, les pieds dans les étriers. En face, la gynécologue me salue et nous échangeons quelques mots. Elle n'utilise pas l'anesthésiant pour me permettre de me relaxer car j'ai mangé. Aucun regret : mon chausson aux pommes était si bon. « En soi, ce n'est pas grave car il y a seulement un ovule », me précise-t-elle. L'intervention sera donc assez rapide. De plus, je ne lui semble pas angoissée et elle ne voit aucun inconvénient à ce que je sois totalement consciente.

Une fois de plus, je goûte le plaisir de découvrir un nouvel univers. Allongée, j'observe avec grande attention tout le processus de prélèvement qu'elle me décrit brièvement. Je suis impressionnée par la longueur de l'aiguille qu'elle tient en main. Trente centimètres qu'elle va m'introduire dans le vagin puis l'utérus avant de piquer l'intérieur de l'ovaire. Gloups ! C'est pas de la gnognote ! Une fois bien placée, la gynécologue va tenter de récupérer ce seul et unique ovule. Malgré ma surprise, je me reprends et ne dis rien. Non sans appréhension, j'appelle à l'aide mon sang-froid. De toute façon, il est trop tard maintenant.

À vif, tous mes sens attendent le premier signal de la douleur. Par réflexe, je serre les dents. La gynécologue agit avec un art consommé. Alors, ce que je ressens est tout à fait supportable : c'est simplement une légère pique. En place, elle demande aux membres de l'équipe d'aspirer et puis d'analyser.

Résultat : rien.

Elle change d'endroit et pique à nouveau. Nouvelle aspiration puis nouvelle analyse.

Résultat : encore rien.

Elle s'y reprend à plusieurs fois. En vain. Aucune ponction ne donne de résultat satisfaisant. Rien n'est prélevé. Alors, le doute s'installe. Je retiens pour explications que les observations de l'échographie ont dû sûrement montrer un kyste bénin et non pas un ovule.

La première technique signe là son échec. Possibilité numéro un tombée à l'eau. Pour le moment, je suis trop absorbée par l'intervention pour me poser beaucoup de questions. Lorsque je retourne à la chambre, je m'étonne de n'être qu'à moitié déçue. Fataliste, j'accepte. Mais il est vrai que je n'avais pas placé tous mes espoirs dans ce prélèvement. Par contre, m'être enquiquinée avec ces piqûres pour rien me reste en travers de la gorge – ou des fesses, si j'y réfléchis mieux. La vie est ainsi et je relativise. Je m'en remets à ce qui doit m'advenir. La vie n'est pas finie. Bien au contraire, je vais bientôt pouvoir la recommencer avec une liberté toute à moi. Plus qu'un séjour à l'hôpital et après, fini. Je m'imagine encore un peu plus tard libérée complètement de tout soin et de tout traitement. Le rêve d'une liberté totale où mes choix seront entièrement les miens !

Pour aujourd'hui, mon passage à l'hôpital est terminé. Je me rhabille et retrouve Frédéric un peu nerveux. J'enfile mes habits, après lui avoir simplement dit qu'ils n'ont rien pu prélever. L'ovule visible n'en était pas un, mais doit être un kyste bénin. Donc, son sperme ne servira à rien. Que deviendra-il ? Probablement, poubelle. Nous saluons tout le monde et les remercions avant de repartir pour la mer. Je tourne la page sans aucune difficulté ni regret.

À croire que rien ne vient de se passer.

La mer est grise, digne de l'image habituelle de la mer du Nord. Nous nous promenons sur la plage, cheveux dans le vent et main dans la main. Retour tardif après cette journée bien pleine. Encore dans la voiture, nous discutons de ce prélèvement d'ovule. Il représentait peut-être mon unique chance d'être enceinte un jour. Frédéric est persuadé – ou veut me persuader ? – que toutes les chances restent de mon côté. Pour ma part, je suis plus posée. Je reviendrai sur la question un peu plus tard. Mon esprit envisage déjà bien d'autres solutions. S'il m'est impossible d'avoir des enfants « de moi », tirés de ma chair, il reste de nombreuses possibilités. Une fécondation *in vitro* avec un don d'ovule ou, si les grossesses ne me sont pas favorables, l'adoption.

Vivre une grossesse en tant que femme est un grand bonheur dont je rêve. Mais l'essentiel, ancré encore plus profondément au fond de mon cœur, consiste à apporter de l'amour à un enfant et lui offrir une éducation. J'ai un désir si fort de vivre cette merveilleuse aventure!

De toute façon, je dois me changer les idées. Et le week-end approche avec la perspective d'Halloween.

Nous allons fêter Halloween chez des amis proches. Thème : Halloween. Delphine et Roger, des amis français expatriés, aiment faire la fête et réunir leurs amis. Ils convient Français et Belges pour l'occasion. L'idée de festoyer et de sortir me change déjà un peu les idées.

Avec mon amie Marilyne, qui adore se déguiser, notre grande préoccupation du moment consiste à trouver les déguisements de circonstance. Halloween sans déguisement n'est pas Halloween. Je trouve des guêtres en skaï noir nouées de lacets montant jusqu'à mi-cuisse. Elles sont complétées par un short ras des fesses de la même matière. J'adore ! J'essaie, et le tout me va, version moulante. Je n'ai plus qu'à trouver le haut. Après mûres réflexions, ce sera une des blouses blanches de soin de mes stages qui traîne dans mes vêtements. Elle m'arrive à mi-fesses et fera parfaitement l'affaire. Ainsi accoutrée, avec mes cheveux tout courts, voire invisibles puisque blonds, je me régale à l'idée d'étonner. Cent pour cent dans le thème, je m'amuse déjà, rien qu'en me préparant. Entourée d'amis, j'ai hâte de faire la fête pour le plaisir et de laisser filer le pathétique prélèvement d'ovule infructueux.

La fête se déroule à merveille. Et j'y reste jusqu'à l'aube. Frédéric me laisse faire, dans ces cas-là. Lui, il a filé dormir. Je reste dormir sur place, une petite heure. Je suis folle, je sais. Mais cette « folie » me donne le goût de vivre, la force de me battre et de ne pas perdre espoir dans les moments difficiles. Et puis, pour mon plus grand plaisir, mon déguisement avec ma coiffure a suscité bien des compliments. Un commentaire en douce m'est revenu aux oreilles. Cette fille au crâne rasé, elle y a été franco dans le déguisement. De fait, oui, mais de plaisir surtout. Leucémique ou pas, j'ose m'amuser, vivre, ce qui en déconcerte plus d'un.

Dès le lundi, j'exulte de joie à l'idée de raconter au professeur de l'unité ma fête d'Halloween. L'allure voûtée, le visage tendu vers moi, il m'écoute avec un mince sourire. Je suis excitée et je sais qu'il apprécie ma joie et mon récit. Je l'amuse et il sait à quel point ma volonté de vivre se manifeste par des frasques – bien sympathiques – mais loin, des clichés d'une malade alitée, sereine et résolue à méditer sur soi et sa maladie.

Après mes divagations, il me pousse à revenir à la réalité. Nous devons planifier la suite du traitement. S'il n'a toujours pas de date exacte à m'annoncer pour ma prochaine entrée à Saint-Luc – ce qui n'aide en rien pour prendre le billet d'avion de Ségolène – nous planifions un prélèvement de mes propres cellules souches. Je ne sais pas si ce prélèvement respecte un schéma classique ou si c'est parce que ma sœur compatible vient de loin, mais ce prélèvement permet une autogreffe en cas de nécessité. Une nouvelle période de piqûres s'annonce. Une semaine seulement. Ouf ! Je me demande si je n'aurais pas mieux fait de me déguiser en poupée vaudou bardée d'aiguilles pour Halloween !

6

Mise en papillote avant le jour J

Novembre 1999. Bruxelles. Entre maison et hôpital.

Attente rimerait presque avec espérance. Ou désespérance. Cela dépend des jours.

Début novembre. Le soleil blanc perce à peine un ciel gris déchiré en écharpes imprécises. L'âme se dessine dans la mélancolie.

Le prélèvement d'ovule manqué n'a pas détruit tous mes espoirs. Néanmoins, un second essai est refusé. Je m'interroge. Loin d'être révoltée, je me plie au savoir médical, dans lequel j'ai confiance. Pas un seul instant, je ne doute des choix pris par les médecins. Je suis déçue d'avoir une chance de moins mais c'est ainsi. La suite de cette aventure se trouve devant moi.

Mon traitement avance à un rythme satisfaisant et nous ne devons pas gaspiller de temps. Il est essentiel de ne pas perdre le bénéfice des chimiothérapies précédentes pour ne pas faire échouer le travail commun. Ignorante, d'une insouciance aveugle, je n'imagine pas que mon corps puisse se mettre en porte-à-faux avec les nouveaux traitements qui m'attendent. Je ne discerne rien, seulement que je ne suis pas encore tirée d'affaire. Le danger – quoique imperceptible pour moi – est toujours présent. Je n'en ai tout simplement pas conscience.

Je n'ai pas à envisager une guérison qui me paraît évidente. Je n'ai pas d'autre issue. Pas une fois, je ne la remets en doute. Sûre de moi, infaillible, je ne crains pas d'autre présage. Je ne me fonde nullement sur des probabilités de succès ou d'échec, sauf pour mes échéances de sorties. Ma lucidité se conjugue-t-elle à ma volonté ? Je ne sais pas répondre à cette question.

Si je néglige l'échec ou la mort, mon programme à venir est bien en tête. Radical de simplicité, il tient en quatre lignes. Quatre lignes pour les dernières semaines de fin d'année. Je m'en effrayerais presque si je ne me projetais pas corps et âme dans la dernière ligne droite. Je la regarde comme un but que je suis convaincue d'atteindre un jour ou l'autre. Je l'aurai, ma ligne d'arrivée, mon sommet, ma victoire !

Ligne 1 du programme : prélèvement d'ovaire par la laparoscopie.

Ligne 2 : repos.

Ligne 3 : prélèvement de mes cellules souches.

Ligne 4 : dernière entrée à l'hôpital. « Chimio », irradiation puis greffe dans la foulée.

Le fait d'avoir griffonné ces quelques lignes énervées dans mon agenda me laisse dubitative. Excitée par de nouvelles découvertes et ces inconnus qui deviennent lumières, j'accepte l'idée de retourner à nouveau dans mon aquarium. Pour combien de temps ? Encore un effort.

Le temps file à toute vitesse. Je m'enivre de sorties avec mes amis. Les voir, discuter et rire avec eux me procure une énergie vitale. Je me ressource. Je bouge. Je danse et je ris. Que la vie exulte en moi ! Oui, la vie !

En fin d'après-midi, je me rends à l'hôpital pour ma laparoscopie. On me donne un lit en ophtalmologie car le service de gynécologie est complet. Ce détail m'amuse : tant qu'ils ne me prélèvent pas un œil pour ovaire...

La laparoscopie ne nécessite pas de préparatifs très compliqués. L'intervention consiste à prélever un ovaire par endoscopie, autrement dit, à l'aide d'instruments introduits dans quatre petites incisions dans le bas-ventre et guidés par une microcaméra. Arrivée en fin d'après-midi, j'ai encore du temps avant les « 23 heures fatidiques »… du lavement intestinal. Pas besoin de l'infirmière de nuit, je me débrouillerai seule. Pour tuer le temps, je bouquine et navigue entre les étages. Je tiens à saluer ceux que je connais, aides-soignantes, infirmières, médecins et patients du 52 et 56. Par scrupule, je ne m'impose pas trop longtemps. Le travail ne leur manque pas et je ne tiens pas à peser dans leurs obligations, à les déranger.

Devant la télévision de la salle commune, j'attends l'effet du lavement. En cinq minutes, tout est réglé. Après un bon moment où je reste éveillée, l'esprit occupé à vagabonder, je m'endors vers une heure du matin pour quelques heures de sommeil.

Pas de petit-déjeuner ce matin, interdiction formelle ! Et je n'ai pas oublié mes dernières gourmandises malheureuses… alors, je suis résignée. Je me prépare pour la descente au bloc sans éprouver ni angoisse ni panique. Ce matin, dans la nuit, j'entame une nouvelle étape de mon aventure. Du moment que ma tête reste intacte.

À l'étage -3, l'équipe m'attend. Ma nouvelle marotte consiste à demander l'enregistrement sur cassette vidéo de ce que filmera la caméra guide. Une nouvelle fois, je veux satisfaire ma curiosité et aussi apprendre, si tant est que je puisse comprendre sans explication. Je suis accueillie si vite, si gentiment, anesthésiée dans la foulée… Et j'oublie ma demande. Voilà des plans qui manqueront dans ma vie de réalisatrice !

À peine le temps d'émerger en salle de réveil, de retour dans mon lit, aidée du brancardier, je « comate ». Mes pensées se forment difficilement. L'anesthésie générale se dissipe doucement. Ma sortie programmée pour le lendemain, en début d'après-midi, ne m'inquiète pas. Je mange un peu au déjeuner, sans plus. L'après-midi et la soirée passent à toute vitesse quand arrive mon nouveau voisin. Rien à voir avec moi, bien sûr : lui, il vient pour ses yeux. Je passe une excellente nuit sans bouger de mon lit douillet. J'y suis comme un oisillon au chaud. La gynécologue passe me visiter et m'accorde peu de temps. Elle me fixe un nouveau rendez-vous pour planifier la suite. Comme je vais bien, elle m'accorde de sortir comme prévu cet après-midi après le déjeuner. Heureuse, j'appelle Fabienne pour lui confirmer la nouvelle et, gentiment, elle vient me retrouver pour me ramener à la maison.

Par le plus grand des hasards, voilà qu'arrive Joachim, un ami de longue date. Il a dû chercher pour me trouver dans ce service d'ophtalmologie ! Cette situation kafkaïenne me plaît bien. Je squatte juste un lit, par manque de place dans le bon service, mais je n'ai rien à y faire avec mon ovaire. Fabienne est déjà là mais je ne suis pas prête. Je dois encore empaqueter mes affaires et finir mon repas. Comme Joachim a du temps, il se propose de passer l'après-midi avec moi. Quelle bonne idée ! Fabienne me confie donc à lui et repart travailler. Tout en bavardant avec Joachim, j'achève d'autant plus vite mon plateau-repas que j'ai un appétit de moineau. Et nous partons.

À peine ai-je marché dix mètres dans le couloir que, surprise, ma tête tourne et me voilà prise de nausées. J'vais pas bien ! M'équilibrant à l'aide du mur, j'atteins, après quelques mètres, une chaise libre.

— Joachim, vite un haricot ! Demande un haricot !

Surpris, ses grands yeux incompréhensifs m'interrogent.

— Le truc pour vomir !

Il comprend, court au bureau des infirmières. Il revient et arrive juste à temps. Remise de mes émotions, je descends clopin-clopant jusqu'à l'entrée où il m'attend avec sa voiture bien chauffée. Joachim est plein d'égards, j'en suis touchée.

Arrivés chez moi, Joachim insiste pour prendre mes affaires. Nous montons chacun à notre rythme les deux volées d'escaliers. Quel sport, après cette opération et surtout mon immobilisation ! Je réalise que je n'ai pas bougé une seule fois entre ma descente au bloc et aujourd'hui. Peut-être est-ce la raison de ce précédent malaise ? Je dépose mes affaires sans prendre le temps de les ranger ni, comme une ingrate, de proposer à boire à Joachim. Bizarre... Oui, je me sens étonnamment bizarre. Mon corps flotte et quelque chose m'échappe. L'entrejambe de mon jean est trempé, tout humide. Je ne me suis tout de même pas fait pipi dessus ? Je l'aurais senti. Aucune bouteille ne s'est renversée sur moi non plus. Que m'arrive-t-il encore ? Je m'isole dans la salle de bains et me déshabille. Les yeux furtifs, je cherche l'énigme. Ma tête se met à tout imaginer. D'où provient ce liquide transparent et inodore ? Une piste, quand je découvre la compresse gauche trempée. En toute logique, ce liquide qui a trempé mes culottes sort de cette incision non cicatrisée. Mon côté pratique et débrouillard l'emporte et, sans réfléchir plus longtemps, je plie une serviette de toilette entre la compresse et ma culotte. Drôlement accoutrée je retrouve Joachim à qui je livre les conclusions de mon enquête. Fatiguée, je m'allonge sur mon lit alors qu'il part gentiment à la pharmacie acheter mes médicaments. Adorable, il me chouchoute du mieux qu'il peut. Je suis comme une reine aidée par un chevalier servant. Joachim proteste toutes les minutes : « Cas de force majeure ! » La leucémie me permet des demandes exceptionnelles. Et il m'accorde tout avec grande gentillesse. Il est certainement bouleversé par ce qui m'arrive, mais rien ne transparaît d'un quelconque embarras. Nous retrouvons nos palabres évasives à propos de la planète et passons encore une bonne heure ensemble avant qu'il retourne chez lui.

Pourtant, malgré mon repos en position horizontale, l'écoulement de mon ventre ne cesse pas. Maintenant, non seulement la serviette est trempée mais les draps aussi. Quel barrage cède-t-il ? Besoin d'un plombier d'urgence ! Soucieuse (mais sans inquiétude, comme habituée aux surprises), j'appelle Saint-Luc pour connaître la conduite à tenir. J'explique la situation par téléphone à l'infirmière du service de gynécologie.

Rien d'anormal, m'assure-t-elle. Le drain termine d'évacuer le liquide introduit dans mon bas-ventre pour faciliter le prélèvement de l'ovaire. Comme je n'ai pas bougé de mon lit avant ma sortie, tout s'écoule maintenant. L'infirmière me précise qu'en temps normal, les patients qui subissent ce type d'opération doivent s'exercer à la marche avant leur sortie. Le cas échéant, elle est retardée d'une journée, le temps que tout soit rentré dans l'ordre. Voilà une explication valable et claire. Mon hébergement en ophtalmologie n'était pas au point. Chaque service a ses habitudes et des connaissances appropriées à ses interventions. Pas de panique, donc ! Et un retour d'urgence n'est ni obligatoire ni conseillé sauf, bien sûr, si je le désire. Je décide donc de gérer ce désagrément, chez moi, comme une grande.

Attentive à mon corps, je constate une nouvelle étrangeté. Conséquence logique, une fois de plus, de mon prélèvement d'ovaire. Plus les jours passent, plus mon nombril joue les caméléons. « Rose » à l'origine, il passe par le bleu rouge d'un bel hématome avant de muer en une tendance jaune vert. Puis il disparaît en douceur… Quand on y songe, par quels chemins un corps ne passe-t-il pas pour guérir !

Alertée par les recommandations, je me repose. Un nouveau traitement de piqûres commence dans la perspective de mon prélèvement de cellules souches. Elles seront utilisées dans le cas d'une autogreffe en seconde alternative.

Contrairement aux idées reçues, lors d'une leucémie, la greffe n'est pas une intervention similaire à celles menées sur des organes. Non, la greffe consiste simplement en une transfusion de cellules appelées cellules souches. Fameuses cellules cachées dans la moelle osseuse.

Deux techniques de prélèvement sont proposées au donneur. Soit un passage en bloc opératoire, sous anesthésie générale, avec ponction de moelle dans le bassin. Soit des piqûres pour générer une surproduction des cellules souches qui se répandront alors dans le système sanguin. On les récupère par prélèvement et triage à l'aide d'une machine bien spécifique.

En ce qui me concerne, je n'ai pas le choix : les piqûres. Pas plus mal. Voilà du neuf, de la découverte. À nouveau, je retrouve mon infirmière à domicile. Cette fois-ci, elle tient mieux ses engagements horaires. J'en viens à réviser mon jugement. Mais jusqu'à quand ? Je ne vais pas tarder à pester, je le sens.

Gagné !

Songeuse, je l'attends de pied ferme aujourd'hui. Il m'arrive encore des nouveautés. Je pourrais penser tracasseries, mais non. C'est un rebondissement fortuit. Une de ces aventures qui traversent ma vie depuis mon hospitalisation pour la leucémie.

Ce matin, je vais aux toilettes bien naturellement. Après une nuit de sommeil, tout le monde soulage un peu sa vessie ! Au lieu de faire comme tout le monde, uriner dans la cuvette, je sens le jet de liquide chaud glisser sur ma cuisse. Arrêt complet, je contrôle ma miction. Ce n'est ni un fantasme, ni un cauchemar. Je suis bien réveillée. Avant de laisser cet événement devenir scène gore, je la tourne en grotesque acrobatique. Palpation de repérage avant de rétablir le tir par un positionnement de contorsionniste. La vie et la maladie nous forcent à l'acrobatie parfois.

Curieuse tout autant que dubitative, je me rends à la salle de bains. Légère toilette puis étude approfondie. Alors, avec un miroir, j'observe attentivement : texture, volume, couleur. Je contemple avec stupéfaction une grosse turgescence. Tout au plus, elle se prend pour un Peau-rouge asphyxié, version poisson mort. Adieu, ma grande lèvre, qui a pris des proportions énormes. Poisson lune de bord de plage. Mais, par dérision, j'ai l'impression d'avoir un testicule de taureau entre les jambes. Si le volume s'est pris à la gonflette, la couleur a viré de bord. L'ensemble de mes lèvres atteste un beau bleu foncé. Une nouvelle fois, mon esprit mouline en tous sens, suppose, établit des hypothèses sur cette nouvelle péripétie. Enquêtrice, je ne veux laisser échapper aucun indice. Ainsi, si j'interprète la couleur en considérant le déplacement de l'hématome, je ne comprends pas le volume.

Depuis ce matin, je m'interroge et surveille d'éventuels changements. Et dire que je croyais l'infirmière moins en retard ! Juste le jour où j'attends sa présence de pied ferme, le tic-tac de l'horloge revient me hanter. La coloration bleue vire au violacé… Mais le volume, lui, poursuit sa croissance. Le testicule se transforme en pis de vache ! À cette allure, je vais devenir une vache normande. Vacherie de vie !

19 h 15. L'infirmière sonne. Enfin. Elle commence par les piqûres avant de m'écouter attentivement. Je lui explique ma trouvaille. Elle m'examine. Son avis est sans appel : je dois annuler mon dîner et filer aux urgences.

Encore un changement de programme ! Cette péripétie me contrarie. Moi qui ne désire que profiter de la vie, sortir, me détendre avant de replonger à l'hôpital. Néanmoins, je lui donne raison. Prudente mais amère, je pars avec Frédéric. Combien de temps vais-je rester ? Quelques heures, quelques jours… Avec eux, tout reste possible. Je préfère envisager large, parer à toute éventualité.

À l'accueil des urgences, je me plie à la procédure d'admission. Mon estomac se fait entendre. 20 h 30 : son heure ! Je demande à voir l'hématologue de garde. Il n'y en a pas.

— C'est impossible !

— Si…

Je lui demande alors un gynécologue. Peut-être aurais-je dû commencer par là.

— Très bien, me dit-elle. Installez-vous dans la salle d'attente. On va vous appeler.

— Dans combien de temps ?

— Ma pauvre, je n'en ai aucune idée !

Douloureusement, je commence à comprendre le sens du terme « patient ». Oui, je finirai par devenir patiente à force d'attendre et d'attendre, encore et toujours. Sans autre choix, nous nous asseyons avec Frédéric. Je scrute tous les badges du personnel qui va et vient. Aucun ne s'intéresse à moi. Je ne reconnais personne. Ils courent en tous sens et paraissent indifférents. Une demi-heure passe. Toujours rien. Heureusement que je ne suis pas à l'article de la mort ! Aux urgences, ils ne sont pas pressés. Le temps me fait languir. Frédéric essaie de s'intéresser aux magazines déposés sur une table basse. Il a l'air d'y parvenir. Je rêvasse, observe, analyse.

Ma main dans ma poche tombe sur mon appareil de photographie numérique. Faute d'activité, je viens d'en trouver une : immortaliser ce volume incroyable qui enfle heure après heure entre mes jambes. Je pourrais mettre ces images dans le livre des records ou encore les offrir comme support de cours… Je file aux toilettes, seule. Un parfum de rose synthétique flotte dans l'air. Observant l'écran de contrôle, je cherche le bon angle, la lumière. Au prix de mille contorsions, je finis par adopter une posture rocambolesque, je suis presque satisfaite. Un pied à terre, l'autre sur la porte, le bassin en antéversion et les fesses dans le vague. Encore un ajustement. Je me décale légèrement et voilà un raz de marée qui m'arrose l'arrière-train. L'eau est fraîche. Je sursaute de surprise. Adossée au mur, j'ai déclenché la chasse d'eau. Cette dernière douche mes exploits photographiques.

Déçue autant qu'amusée, je retrouve Frédéric qui s'impatiente à son tour. J'ai une autre idée pour accélérer les choses. Je pars au cinquième étage voir les infirmières de nuit du 52. Je dois sûrement connaître l'une ou l'autre. C'est gagné ! En deux mots, je prends des nouvelles puis leur raconte mon histoire. Qui est l'hématologue de garde ? Elles tentent de le joindre. Je redescends dans l'espoir que le gynécologue sera là. Rien, toujours rien. Je m'interroge sur le sens du mot « urgence » dans un hôpital. Nous sommes là depuis plus d'une heure ! Personne ne semble pressé, ni inquiet. Loin des images de séries télévisées américaines, où des urgentistes toujours prêts cavalent dans tous les sens au rythme des sirènes hurlantes, ici règne un calme angoissant.

— Mlle van der Elst. Téléphone pour vous... me dit l'hôtesse de l'accueil.

Tiens, qui est-ce ? Le docteur Strass, de garde, analyse rapidement la situation en discutant avec moi. Précise, intelligente, elle pose des questions en cascades. Ce style laconique ne me choque pas. Il ressemble davantage à l'idée que je me fais des urgences. Après notre bref entretien, elle appelle les urgences pour accélérer ma procédure d'admission. Incroyable ! Trois minutes après, voilà un homme pour moi. Un gynécologue. À ma grande déception, il ne peut me voir avant une heure et demie. Il doit d'abord terminer ses visites, notamment aux hospitalisés du jour. Je veux bien l'admettre, mais est-ce grave ce qui me pousse à l'entrejambe ? À présent, je suis autant dubitative que... affamée. Après une négociation facile, il accepte de m'examiner en vitesse pour lever mes doutes. Je ne veux pas d'une explosion qui finirait en moignon de grande lèvre déchiqueté.

— Rien d'urgent, me déclare-t-il. Vous pouvez aller dîner et puis revenir ici.

À défaut du formidable dîner entre amis qui nous attendait, nous nous vengeons dans le *fast-food* le plus proche. Unique lieu pour nous ravitailler dans les parages.

De retour à la salle d'attente, nous attendons à nouveau une demi-heure. Frédéric a les traits tirés et bâille. Je l'admire de rester aussi patiemment à mes côtés, dans ce que je traverse. Le gynécologue apparaît, enfin disponible.

Cette fois, j'ai droit à une vraie consultation et à une échographie complémentaire. Rien de terriblement anormal ; cependant, le gynécologue me garde cette nuit en surveillance. Si nous avions su, Frédéric aurait pu repartir bien plus tôt pour dîner avec nos amis.

Je passe donc ma nuit aux urgences. Imprévu de la vie. Imprévu qui fait la vie. J'ai bel et bien diagnostiqué ce qui m'arrivait. Ce gonflement inopiné est une conséquence de l'hématome.

Le lendemain, mon gonflement fait machine arrière. Il commence à se résorber en douceur. Il n'y a plus de quoi s'alerter plus longuement, ni de raison de me garder. Je rentre donc à la maison. Me trouvant à Saint-Luc, lieu que j'ai adopté pour domicile, je monte au cinquième étage saluer le personnel médical du service de jour. Je ne manque pas de passer par le couloir des visiteurs puisque mon voisin est toujours là, dans la chambre voisine. J'ai rencontré sa fiancée, qui a le même prénom que moi, lors de ses venues et passages obligés devant ma baie vitrée. Un mot, un geste, des encouragements… Ces signes de l'humanité si fraternelle dans les tranchées de la possible mort.

Puisque son homme, Arnaud, est réveillé, je tiens à le saluer. C'est un patient que je connais un tout petit peu mais peu importe. Être enfermé est difficile et j'ai conscience de l'importance d'une visite, d'un instant de compassion. Ses neutrophiles à lui ne veulent pas remonter, aussi souffre-t-il de rester cloisonné. Je l'encourage avec cœur, me montrant compréhensive vis-à-vis de la patience dont il doit faire preuve. Après avoir traversé déjà deux fois cette étape, je peux me mettre un peu à sa place. Pourtant, je ne suis pas lui. Une certitude : il ne doit pas capituler. Son mental doit rester fort et intact. Si le corps est malade, sa tête ne l'est pas. Je l'encourage en ce sens et lui donne la force qui m'habite de bon matin : « Regarde, j'y suis arrivée, alors pourquoi pas toi ? Je suis dehors alors qu'il y a quelque temps j'étais comme toi dans mon aquarium. Courage, bats-toi ! Je sais que c'est difficile certains jours, mais on ne sort vainqueur qu'au prix de la volonté de vivre. Les traitements aident, oui. Mais le cœur ardent compte énormément. » Avec le plus grand des sourires, je lui souhaite une bonne journée et lui répète que sa vie lui appartient.

Je repars du couloir des visiteurs du 56 et j'y croise trois inconnus. Deux femmes d'une similitude étonnante et un homme. Je les salue tous, et plus particulièrement la femme, dont l'air très angoissé m'interpelle. Sa jumelle, plus à l'aise, me regarde et se jette à l'eau.

— Vous connaissez les chambres stériles ?

— Oui, j'y ai déjà fait deux séjours.

— Nous sommes venus en repérage avant l'entrée de ma jumelle en chambre stérile. Ce jour approche à grands pas et ça la tracasse. Une chambre stérile, fermée, coupée du monde...

— Vous savez....

Mon interlocutrice devine mes antécédents, faciles à repérer avec mes cheveux courts. Alors, lancée dans nos bavardages, j'apprends la réelle angoisse de sa sœur à l'idée de rentrer. Bien entourée par sa jumelle et son beau-frère, la future patiente essaie de dépasser sa peur. Voilà bien une marque de courage appréciable. Elle aussi se bat.

Nous discutons un peu. Je lui raconte mon expérience dans cet univers. Je lui dresse un petit mémo de la vie menée en chambre stérile et je n'hésite pas à lui dévoiler la sympathie et le très bon travail de l'équipe. Je dédramatise les soins, la solitude. Les risques, je ne les évoque pas. Inexistants pour moi, pourquoi inquiéter en vain ? Toutefois je reste vraie en expliquant la longue attente de la remontée des neutrophiles. Touchée par cette fragilité, je parle avec mon cœur. Après dix minutes passées à répondre aux questions, nous nous quittons. Ma journée est tout illuminée tant je suis heureuse d'avoir rassuré cette femme. Soulagée du poids qui était sur son cœur, elle repart avec un visage souriant et tout à fait détendu. Désormais plus confiante, je ne doute pas qu'elle affronte mieux sa maladie de la sorte. Avec si peu, quelques mots à peine, un témoignage, j'ai pu faire beaucoup pour elle. Voilà ce qui compte. Si l'inconnu effraie souvent, moi il m'excite.

Enfin, on me prélève mes cellules souches. Bientôt viendra le tour de Ségolène. Son arrivée s'annonce pour le 18 novembre. Elle vient avec Trinidad, sa fille, et reste jusqu'au 10 décembre. Bien en avance – normalement, l'intervention doit avoir lieu le 1er décembre –, Ségolène va pouvoir ainsi récupérer de la fatigue du décalage horaire. Elle sera en forme pour le prélèvement.

Par ailleurs, elle va aussi profiter de la famille et de ses amis et faire quelques courses de Noël sur le Vieux (mais charmant) Continent. Évidemment, j'ai hâte de revoir Trini qui a encore grandi et Ségolène, bien entendu. Non pas tant pour mes histoires de greffe que parce que je n'ai pas du tout profité de sa visite estivale.

En attendant son arrivée, je relis du courrier. Messages reçus lors de mes deux premiers séjours en chambre stérile, adressés à mes parents qui me les ont transmis, ou échanges de courriels familiaux conservés par Fabienne pour les passer dans la chambre à formol, j'ai une montagne de papiers et de cartes. Je suis touchée par ce soutien sans faille de ma famille et des amis. Sans avoir trop à chercher, cette aventure passionnante me mène sans que je l'aie choisie, et me livre tout son sens.

Quelques extraits me touchent tout particulièrement. Prises au hasard, ces lettres attestent d'un chemin de traverse dans mon aventure. Un voyage corporel immobile avec des bonds spirituels de géants. Elles montrent les regards des miens, de cette formidable famille humaine, proche ou moins proche ; celui d'un oncle… :

« Toi qui es fille d'un "fameux" grimpeur, te voilà en première ligne d'un "fameux" parcours. Tu es "fameuse" aussi et, de tout mon cœur, je t'encourage dans cette marche silencieuse. »

Gotem : « Tu n'auras pas de mal à entendre dans ta mémoire le roucoulement des pigeons, le charroi de la route, les mouches dans la chambre, la voix qui monte du rez-de-chaussée, sans oublier le passage des avions à réaction dans le ciel nuageux. »

Oui, cette simple lecture appelle en moi bien des souvenirs. Je songe aux vergers fleuris, puis aux arbres fruitiers dont les branches ploient en arc gracieux, tant ils sont couverts de pommes et de poires. Ces terres de fruits et de fleurs sont le fief de mon grand-père, Daddy. Grand personnage, aux yeux bleus immenses et perçants qui se tient droit et fier. Gotem. Il est le seul habitant de sa propriété. Gotem : ce nom me trotte dans l'esprit car c'est le coffre-fort où sont cachés des milliers de souvenirs de vacances entre cousins.

Je suis la dernière de ses vingt-deux petits-enfants. Et j'ai une relation particulière avec lui. Non pas que je sois la plus gâtée mais nous apprécions de passer du temps ensemble et de jouer de nos caractères. À mesure que le temps passe, j'ai appris à le connaître, à aimer Daddy. C'est aujourd'hui que je dois profiter de son existence car son âge avancé raccourcit indubitablement les années de vie restantes. Il me raconte des histoires de son temps… toujours des nouveautés.

À la nouvelle de ma maladie il s'est tout de suite porté volontaire pour m'être utile s'il le pouvait, mais non. Alors, il vient me rendre visite quand il peut. Émue, je me souviens particulièrement de ce jour où il est venu seul, au volant de sa voiture

Après trois quarts d'heure de trajet, il est resté seulement une demi-heure pour ne pas me fatiguer. Puis il est reparti. À quatre-vingt-quatorze ans, j'admire moins sa prouesse que son immense amour.

D'autres extraits tombent à point nommé et sont au goût du jour. Comme ce message écrit par ma mère à une sœur :

« Concernant la moelle osseuse, Laetitia ne sait toujours rien, car le médecin n'a pas encore décidé quoi que ce soit, si elle a besoin d'une greffe ou pas. Elle sait juste que son caryotype est intermédiaire, c'est-à-dire ni bon ni mauvais. Laetitia m'a juste dit que si l'un de nous était compatible, ce n'est pas la moelle de l'un qu'elle reçoit, mais plutôt celle de nous tous, car on veut tous lui donner notre moelle pour l'aider à s'en sortir. Une belle pensée de solidarité humaine… »

Oui, chaque étape marque un pas de plus vers cette allogreffe. C'est une grande chance pour moi. Tous les patients n'ont pas cette opportunité et ne trouvent pas nécessairement de donneur compatible, ce qui rend leur parcours encore plus périlleux. Comme à l'accoutumée, je garde un moral solide.

Autre lettre, dans un autre style. Plus jeune et plus direct, un ami d'enfance :

« J'imagine que ton chéri, ta famille, tes potes et ton moral "pète-le-feu" vont t'aider à te remettre sur pied en un coup de bistouri et que tu vas encore pouvoir trimballer tes voitures dans toute l'Europe. »

Pourtant, le bistouri n'a rien à voir avec la greffe de cellules souches. Mais tout le monde ne peut pas être versé dans les détails de ce qui m'arrive.

L'essentiel consiste à garder le moral au beau fixe, à nourrir des projets et à rester dans un quotidien entouré de ceux qu'on aime.

Étonnamment, je tombe sur d'autres échanges entre Fabienne et Henri. Cette fois, ce sont des courriels. Stylistique moins littéraire autorisée :

« Merci Fabienne pour les nouvelles de Laetitia, j'avoue que son état de santé me fout les boules. Sais-tu quand nous aurons les résultats pour savoir qui d'entre nous est donneur de moelle osseuse, compatible ou pas ? »

Plus loin encore... Ségolène exprime aussi ses sentiments :

« Merci Fabienne pour les *news* que tu nous envoies. Ça me fait toujours si plaisir et ainsi, j'ai l'impression que les distances diminuent entre le Chili et la Belgique. Pour la greffe de moelle, c'est vrai que nous vivons une véritable solidarité ! Et c'est vrai que pouvoir lui donner de notre moelle osseuse, c'est participer à sa guérison ; mais pour ceux d'entre nous qui ne seraient pas compatibles, c'est aussi participer, car c'est l'intention qui compte ! »

Enfin, Ségolène arrive avec Trini. Elles rompent ma relecture du courrier. Je suis touchée. Tant de générosité et de bonté redécouvertes au fil des écritures lacées et corsetés par des caractères d'imprimerie et, parfois, des lettres cursives – celles des gens qui soignent la relation, prennent leur temps : le temps d'aimer. Et je les reçois avec un cœur battant. Donner sans compter. Donner pour le plaisir d'offrir.

Après un court séjour sur Paris, les voici sur notre bonne terre de Belgique. Ségolène passe beaucoup de temps avec moi et voit aussi ses amis quand elle peut.

À la suite des informations communiquées par courriel, lors de la visite avec le professeur Zenatience, Ségolène opte pour les piqûres. Elle tient à éviter l'anesthésie générale. Par amour pour moi, et dans un élan de grande générosité, Ségolène accepte ce sort ! Elle qui déteste les piqûres, les prises de sang... : tout ce qui ressemble à une aiguille est une obsession terrible qui lui fait serrer la mâchoire. Ségolène a encore un peu de temps avant de commencer le traitement. Aussi peut-elle s'y préparer doucement.

Quelques jours après nos retrouvailles, autour d'une tasse de chocolat chaud, dans la quiétude d'une douce après-midi, assises sur mon lit, je décide de lui expliquer ce qui l'attend. Avec grande précaution, choisissant chacun de mes mots comme un orfèvre choisirait les plus belles pierres pour assembler le diadème d'une reine, je commence. Et j'explique le déroulement du traitement, le prélèvement et le tri. Par chance, j'y suis passée depuis peu de temps et les souvenirs sont frais. Ainsi en cobaye, je peux tout raconter à Ségolène :

— Tout d'abord, chère Ségo, la technique que tu as choisie débute par des piqûres matin et soir, pendant quatre jours. Piqûres de rien du tout que tu ne sens même pas. L'infirmière, ponctuelle, tu verras, t'injecte du Neupogène. Cette substance active la production de cellules souches dans la moelle. En trop grand nombre, elles gagnent alors le système sanguin où on les récupère.

Ségolène opine du chef, avale une bonne gorgée de chocolat chaud. Je continue donc mon explication, en la souhaitant la plus claire possible.

— À la fin des piqûres, le taux de cellules souches est vérifié par une prise de sang. S'il a atteint le niveau désiré, tu passes à la cytaphérèse. C'est le système qui permet de récupérer les cellules souches situées dans le sang.

Et là, je ne sais plus si j'explique à Ségolène ou si je m'émerveille sur les découvertes scientifiques. Probablement les deux à la fois. Oui, la cytaphérèse est un appareil qui fonctionne comme une centrifugeuse. En se basant sur le poids et la taille moléculaires, ce bel engin isole les cellules souches et renvoie les autres cellules dans le sang. Ma conclusion est un modèle de simplicité : « Donc, concrètement, le jour de ton prélèvement, pas de panique. Tout le monde est aux petits soins. »

— J'espère que ça ira !

J'explique même le confort prêté à cette « opération » : nous sommes installées confortablement sur un lit puis reliées à la machine par les deux bras, tendus et bloqués par des coussins. L'infirmière place alors une aiguille dans le creux de chaque coude. Volontairement, j'omets de dire que ces larges aiguilles trouent la peau avec dureté et… qu'on les sent bien, presque comme de vivants et vibrants insectes métalliques anthropophages. Mais Ségolène, elle, n'oublie pas.

— Ça fait pas mal ? Elles ne sont pas trop grosses ?

— Leur taille ? Je n'en sais rien. Tu sentiras quand même qu'on te pique, mais j'ai confiance en toi, tu y arriveras. Après, le doux ronronnement de la machine va te bercer. Elle te prélève le sang dans un bras, le fait passer par la « centrifugeuse », où les cellules souches sont conservées et le reste renvoyé à l'autre bras. Cela dure entre deux heures et demie et trois heures. C'est le temps nécessaire pour que 15 litres de sang traversent la machine.

Là, j'admire les grands et beaux yeux bleus de Ségo, héritage de Daddy, écarquillés version grand angle.

– C'est pas trop long de rester comme ça les deux bras tendus ?

– Non, et puis tu pourras te distraire ! Regarder la télévision, un film, avec en prime le droit de malaxer une balle anti-stress en mousse au cas ou ton bras se met à sauter tout seul.

Je tente l'humour pour décrisper ma sœur. En vain.

– Pourquoi il saute, tu ne trouves pas ça bizarre ?

– Eh bien !... Ton bras sursaute parfois quand la machine pompe plus vite que le sang n'arrive. Nous devons donc pomper avec la main pour accélérer le flux sanguin et redonner un peu plus de rythme à cette affaire ! C'est une sensation assez étrange, presque amusante, tu verras. Moi, j'ai trouvé ça plutôt drôle. Tu me diras ce que tu en penses !

– Promis, je n'y manquerai pas... répond-elle sans entrain particulier.

Pour profiter de nos retrouvailles et pour ne pas saturer Ségolène, nous passons à d'autres sujets. Elle me quitte et part dormir chez mon oncle et ma tante où mes parents sont déjà. J'espère qu'elle dormira et ne cauchemardera pas. Je sens Ségolène tendue mais bien résolue et si courageuse.

Je repasse à Saint-Luc en consultation d'hématologie et j'apprends avec joie la date de la greffe :

le 2 décembre. Déduction : dès le 28 novembre, une chambre stérile m'attendra. En effet, je dois rentrer sept jours avant la greffe en chambre stérile pour recevoir le dernier traitement court et ultra-puissant. Entre chimiothérapie et rayons, il a pour but d'anéantir toutes mes défenses immunitaires. Conditionné de la sorte, mon corps devrait accepter la greffe de moelle. Ainsi, en aplasie avec une absence ou un taux très bas de globules blancs, j'attendrai que la moelle injectée de Ségo repeuple ma moelle.

Il est impératif, au préalable, de limiter tous les facteurs de rejet potentiel et, *a posteriori*, de me préserver des infections bactériennes, virales ou parasitaires, puisque je suis en état de défense amoindri. Voilà la raison de mon isolement en milieu stérile avec divers traitements antibiotiques.

Si j'intègre le déroulement de la suite, je réalise qu'avec cette date du 2 décembre, j'ai à peine trois jours de liberté avant de repartir pour mon dernier marathon hospitalier.

Mon état d'esprit est battant. Plus que jamais, je veux raccourcir ce séjour à l'extrême et battre mon record de sortie. Je suis gonflée à bloc.

Et puis, il y a du nouveau dans le tournant du voyage que je mène. Voyager, c'est être à l'affût de découvertes et se laisser porter. Comme le dit un proverbe chinois : « Le voyageur est celui qui ne sait pas où il va. » Rester bloquée dans une seule direction m'ennuie énormément. Pour ce dernier traitement, je dois élire la désormais très classique chimiothérapie ou l'irradiation.

Ce choix ne s'avère pas des plus faciles. Quand je considère les listes de points négatifs de la chimiothérapie ou de l'irradiation, je suis encore plus perplexe.

Heureusement, Éric m'accompagne face à ce dilemme. Tel un frère bienveillant, il m'explique que la chimiothérapie affecte les reins, le foie, la rate... L'irradiation, elle, met à mal les ovaires, le pancréas, le système digestif. Et la longue liste lance en moi une vieille rengaine : « J'ai la rate qui s'dilate, j'ai le foie qu'est pas droit… »

L'espace de quelques secondes, j'ai l'impression d'un coureur à qui on demande, sur la ligne de départ, s'il préfère qu'on lui coupe la jambe droite ou la jambe gauche. Choix difficile !

En revanche, le message d'Éric est clair :

— Si tu étais ma sœur, je te conseillerais vivement l'irradiation. Elle est plus néfaste pour les ovaires car elle te rend définitivement stérile. Mais tu ne risques pas les soucis rénaux de la chimiothérapie et les résultats sont tout de même plus sûrs.

Il me parle avec son cœur et je lui en suis reconnaissante. Je n'ai aucun commentaire à ajouter à un message aussi limpide, alors que l'odeur aseptisée de l'hôpital envahit aussitôt mes narines.

Depuis le départ, j'ai une confiance absolue en Éric et en l'équipe. L'équipe hématologique se montre depuis le départ au petits soins pour moi. On m'a toujours donné du « mademoiselle », du « Laetitia ». Oui, je le sais, le choix d'aujourd'hui est important et je suis ce conseil qui repose sur la confiance élevée entre nous tous. Choix décidé par confiance bien sûr, dans la justesse du vœu de ce qui est meilleur pour moi mais aussi avec un besoin avide de découverte de l'inconnu.

L'irradiation comme dernière étape. Pour être honnête, cette nouvelle expérience m'électrise. J'ignore encore comment se déroulent les rayons.

J'accueille avec bienveillance toute nouveauté dans mon voyage où l'esprit se trouve seul face à l'immobilité spatiale. Cette expérience à venir brille déjà comme un continent à cartographier. Un diamant à découvrir.

L'adrénaline court dans mon corps. J'ai hâte. Enchantée, j'en ai le cœur qui palpite.

7

Poisson en plume d'écaille caméléon

Décembre 1999. Bruxelles. Hôpital Saint-Luc.

Barrée, raturée, je regarde ma peau aux traits bleus atténués. Ces tatouages d'une étrange fête ne s'effacent pas si vite. Ces résidus datent d'hier. J'errais dans les sous-sols, couchée sur un brancard avant le transfert sur l'autel de guerre. Passage important pour la fabrication de plaques de plombs. Épaisses et sur mesure, elles sont essentielles à ma survie. Oui. Mes poumons ne peuvent recevoir la dose complète de rayons : ils seraient anéantis, ce qui entraînerait ma mort.

Mais alors, pourquoi ne peut-on pas protéger mes ovaires de la même façon ? Je réfléchis, soupèse la question, et ça tourne dans ma tête. Le milieu médical devrait y avoir pensé avant moi, tout de même !

L'interne a fini son travail. Les repères et les mesures sont pris, elle a tout pour réaliser les bonnes grosses plaques de plomb. Avant que le brancardier ne m'arrache des bas-fonds, je me hâte.

– S'il vous plaît, il y a quelque chose qui m'échappe. Si vous confectionnez des plaques de plomb pour protéger les poumons, pourquoi ne fait-on pas la même chose pour les ovaires ?

— C'est simple ! Les ovaires, ce n'est pas vital. Les poumons, oui.

Muette, j'ai le bec cloué. Un couteau en travers de la gorge. Ai-je bien entendu ? En quelques secondes, je reçois un raz de marée au visage et les décombres d'un tremblement de terre sur le corps. Tiens, prends-toi ça dans la figure ! Le tact et la psychologie ne sont donc pas innés… La délicatesse, ça s'apprend.

J'ai beau être cent pour cent d'accord avec la remarque de l'interne, je n'en reviens pas. Les ovaires permettent la vie. Pas la mienne. Là est la différence.

Incapable d'avaler la remarque lancée brutalement sans la moindre pincette, je ressasse la réflexion. « Ce n'est pas vital. » Sécheresse abrupte mais réelle. Et pourtant, je m'y ferai. Je n'ai pas d'autres choix.

La bouche aigre, j'essaie de me débarrasser de cette arête en travers de ma gorge avec l'infirmière qui m'ouvre le 56.

Mes expositions ventrales et dorsales, en sandwich, intercalée entre des sacs de riz et les plaques de plexiglas, sont terminées. Je n'ai rien vu de vert, de rouge ou de quelque autre couleur. Aucun signe contre lequel lutter avec ma plus grande ardeur. Armée de mon sabre à rayon laser vert, tel Luke Skywalker, j'ai lutté au corps à corps pour sauver mon ovaire à la dérive. Issue soi-disant fatale qui ne m'a pas pour autant laissée résignée face à la lutte. Nous sous-estimons l'utilisation de la puissance mentale alors, puisque c'est un atout donné, je veux l'utiliser et la travailler au corps contre ces rayons anéantissant mon ovaire encore vivant. Je ne veux pas abandonner le moindre espoir et regretter de ne pas avoir essayé.

L'irradiation d'hier a été violente. Pas en tant que telle. Je n'ai rien ressenti sur le moment. Juste un vomissement en guise de remerciement. En revanche, maintenant, je me sens extrêmement lasse, profondément fatiguée, épuisée. Je dors tout mon soûl. Parfois, ma conscience émerge puis je replonge dans l'oubli d'un sommeil sans trouble. Pourtant, les bruits et les conversations se précisent autour de moi.

J'émerge enfin. Je dois me lever pour faire ma toilette, le temps qu'on change les draps de mon lit. Je reviens et vois Anne-Michèle. Souriante, un sachet à la main, elle ne se joue pas longtemps de ma curiosité.

— Voilà ta greffe, Laetitia !

Stupéfaite, j'étudie le contenu de la pochette ridiculement petit : deux centimètres par dix, tout au plus. Dubitative, je n'imagine pas la greffe salvatrice en un si petit volume. Et puis, combien de cellules un sachet contient-il? C'est avec cela que mon corps va redémarrer ? Je n'avais demandé aucune précision médicale il y a quelques jours mais, à présent, les interrogations affluent en masse. Avide d'informations, je questionne sur le vif Anne-Michèle.

Les yeux toujours rivés sur la pochette, je regarde. À l'intérieur danse un liquide rose. Je suis encore plus abasourdie quand j'apprends qu'elle contient

230 millions de cellules souches. Oui, 230 millions de cellules pour repeupler l'intérieur de ma moelle évidée de cellules souches par la brutalité anéantissante des rayons. Je n'avais jamais imaginé ainsi le nectar et l'ambroisie des dieux de l'Olympe !

Si les chimiothérapies ont balayé les cellules malignes à l'origine de ma leucémie et affaibli mon immunité, les rayons les ont exterminées. Il faut me redonner 230 millions de cellules. La dose à recevoir s'élève à 4 millions de cellules par kilo de masse corporelle. Le chiffre me donne le vertige, à moins que ce ne soit encore la fatigue de l'irradiation. Heureusement, j'ai perdu deux kilos et demi. Je ne pèse plus que cinquante-sept kilos cinq cents, ce qui devrait faciliter le travail de Ségolène ! Car c'est toujours un peu moins de cellules nécessaires.

Prestement, la pochette est reliée à ma voie centrale. Une fois le robinet ouvert, le liquide coule. Mon organisme absorbe goulûment toutes ces cellules saines. Quelques minutes à peine suffisent. Subjuguée, je reste bouche bée. Voilà ma greffe réalisée ! C'est aussi simple que ça.

Anne-Michèle m'explique la suite du processus en réponse à mes curiosités.

Pareilles à l'écho, les informations résonnent en moi. Dans une demi-heure, toutes les cellules arrivées dans mon sang peupleront l'intérieur de mes os. Là, elles débuteront leur impressionnant travail de multiplication. Dynamiques, mes nouvelles cellules vont alors reprendre leur travail de fabrication des globules et des plaquettes.

J'en conclus : là, plus de déséquilibre, plus de leucémie. La vie pépère, quoi !

Je réalise avec surprise que je parle de « mes » cellules. Oui, elles m'ont bel et bien été données par Ségolène. Voilà ma plus grande chance : des cellules données physiquement par Ségolène. Mais je connais d'autres cellules qu'aucun médecin n'a palpées ni comptabilisées et qui comptent pour plus de 230 millions… Je veux parler de ces « cellules » du cœur données par tous. Chacun a participé à cette greffe profitable. Je me répète comme un refrain guilleret : « Don du cœur… Don de soi… » Je n'ai jamais vécu plus belle leçon de solidarité humaine.

Ma mère vient aux nouvelles. Elle me reparle de Cédric, ami de longue date venu me rendre visite hier soir avec Bérengère, sa petite amie que je rencontrai pour la première fois. Charmants tous les deux. Émue, elle me raconte aussi que pendant mon exposition aux rayons, le professeur de l'unité est passé. Après la fin de sa longue journée, il est venu prendre de mes nouvelles comme de celles d'un oisillon sur lequel il garderait un œil permanent. Avec son sens très pratique, le professeur a interrogé ma mère et Fabienne, sur leur appétit. Voyant l'heure du souper déjà bien avancée, il s'inquiétait de leur estomac. L'heure de l'irradiation, initialement prévue de 17 heures à tard dans la nuit, les avait mises en garde. L'une et l'autre avaient prévu un pique-nique. Une fois de plus, je suis ravie et enchantée de constater la profonde humanité et l'intelligence de ce professeur. Il sait à quel point le moral des troupes est important. Plus encore, il a compris qu'outre mon moral, celui de ma famille aussi est essentiel. Nous nous battons ensemble, en cordée. Alors, il ne néglige aucun des miens. Il prend du temps avec chacun, alors que sa charge de travail pèse lourdement sur ses épaules. Sans dire plus, je sais qu'il me connaît et apprécie ma volonté farouche.

Maintenant, en ces premiers jours de décembre, je file droit devant, avec pour seul objectif : sortir. Déterminée, je veux battre mon record. Je veux passer le moins de temps possible dans mon aquarium. Je suis rentrée au début du mois de juillet, et je réalise que peut-être je sortirai fin décembre. Si tout va bien. Mais tout ira bien, pourquoi en douter une seule seconde ? Les choses ne peuvent pas mal se passer. Je ne l'envisage pas. Le regard braqué sur la sortie, je vois seulement le bon côté des choses. Tout, jusqu'à présent, m'a été favorable.

La journée passe à une vitesse incroyable parce que je… dors. Voici déjà la visite du professeur. Je le remercie pour ses attentions d'hier à l'égard des miens. S'il m'écoute attentivement, il ne perd pas une seule minute et m'ausculte pour constater les effets des rayons. Mes muqueuses brûlées ne me rendent pas encore la vie insupportable. À nouveau, mes vomissements reprennent régulièrement. Pourtant, je n'en ressens aucune gêne, tant j'en connais la musique. Tel un caméléon qui adapte ses couleurs à l'environnement, j'intègre ces effets secondaires à mon quotidien. Je les accepte.

Je suis surtout très fatiguée. Je n'ai même plus la force de bâiller. L'impression d'être un zombi abruti de fatigue me traverse l'esprit, et encore, ai-je la force de me faire à cette idée ? Mes idées volent en tous sens. Je commence à avoir du mal à fixer mon attention. Aussi, je préfère tenter de dormir. Ce ne sera pas difficile et j'oublierai mon corps qui aujourd'hui réagit à l'irradiation. J'ai mal partout, sans pouvoir définir avec exactitude ce que je ressens, préférant m'en détacher pour oublier. J'éprouve la sensation d'un corps qui ne cesse de manifester son existence par la douleur. Partout, je la ressens, aiguillon diffus. Mes muqueuses, en particulier, me font terriblement souffrir. Heureusement, sur mon pied à perfusion a été ajouté un antidouleur des plus efficaces : de la morphine. Régulé à ma demande par les infirmières, cet analgésique est évidemment contrôlé et plafonné. Je n'ai pas mainmise sur le robinet. Sans tarder, le médecin repart pour me laisser au repos. Malgré mon abattement et la violence des rayons, il trouve mon état satisfaisant. Je suis bien résistante. Cette nouvelle me flatte. J'ai l'impression que je viens déjà de pousser le battant d'une des portes du service pour sortir.

Ce drôle de périple me conduit à une nouvelle expérience, insoupçonnée : la douleur. Depuis le départ, la douleur de ma leucémie demeure dans les limites du raisonnable. Je ne dis pas que les piqûres, les prélèvements divers me prodiguent du plaisir, mais ces soins restent supportables. De toute façon, pour mieux vivre, il faut s'adapter, sinon, c'est la fin.

Le pire consiste à patienter en souffrant. L'attente paraît plus longue, plus terrible, plus corrosive. La douleur ? Je la refuse. Je ne lui donne même pas de nom pour la renvoyer hors de moi. Je tente de lui dénier toute existence car je la sais infiniment présente, comme une puissance maudite qui déjà me harcèle en longs supplices. Je me lance un défi : combattre la souffrance en restant zen. En silence et en douceur. Je veux la dompter et ne pas fléchir devant sa puissance. Alors, j'essaie de me détacher de mon corps. Je tiens à conserver mon esprit sain en évitant de n'avoir pour seul centre de gravité que la douleur. La force ? La patience ? Le courage ? Je peux les tirer de mon esprit. Peu à peu, immobile, en respirant lentement, je me détache de mon corps, pour continuer à vivre dans ma tête. Lui subit, moi je vis. Toute mon énergie se concentre sur ce seul exercice. Quand j'y puise de la force, j'essaie de la communiquer à mon corps persécuté et à mes neutrophiles, sur lesquels je compte particulièrement. Ainsi, je tiens le coup et je patiente. Parfois encore, j'écoute, attentive, le tic-tac de l'horloge. Doux bruit de balancier qui scande le temps. Je guette le paysage. Observe les avions. Pars en Asie, en Amérique, ailleurs... Je rêve les yeux ouverts.

À d'autres moments, plus éveillée, je réfléchis et j'analyse mes difficultés. Encore et toujours, je ressasse cette conviction profonde : les difficultés sont des expériences et porteront des fruits. Si cette maladie m'offre de nouveaux horizons, avant tout, elle me grandit en humanité. Si mon entourage cerne déjà chez moi plus de maturité et plus de gravité à la fois, j'y vois peut-être un petit pas de plus vers la sagesse.

Jour après jour, ma stratégie de résistance à la douleur fait ses preuves. Quand je souffre, je le sens physiquement mais, mentalement, je rabaisse ce niveau de douleur. Souvent, je diminue volontairement ma perception de la douleur car je veux être plus forte. Est-ce de l'orgueil ? Non, simplement ma façon de résister. Étant mon seul objet d'étude, je développe une très grande acuité à toutes les sensations que j'éprouve. Je me promène dans mon corps, depuis le bout de mes terminaisons nerveuses jusqu'à mon cœur. Et, comme une sentinelle fidèle placée devant moi, mon esprit repositionne le curseur de la raison face à celui de la douleur. En permanence. Je suis plus forte et je ne cèderai pas.

Parfois, j'éprouve la sensation de flotter au-dessus de mon corps, sorte de matière inerte que je contemple de haut. À d'autres moments, je réalise que je ne suis qu'une créature humaine parmi des multitudes. D'autres aussi vivent des « galères » qu'elles n'ont pas choisies. D'autres doivent endurer physiquement bien plus que moi. Pire, d'autres sont détruits moralement. Oui, d'autres ne trouvent aucune ressource en eux, en esprit, aucun réconfort. Si j'ai mal physiquement mon esprit peut encore « raison garder » comme dit cette formulation désormais surannée. Sans cesse, ma volonté me permet de tenir et mon entêtement teigneux me jette au visage : « Tu es plus forte. » Pugnace, je le suis et le resterai.

Face à ces déclarations intempestives et bravaches, je prends du recul. Sans la morphine, serais-je aussi forte ? J'ai pourtant l'impression que cet antidouleur ne sert à rien. Morphine ou pas, je souffre. Vous êtes sûr que la morphine, c'est efficace ?

Heure après heure, ma bouche devient de plus en plus douloureuse. Les muqueuses brûlées représentent pour moi un chiffon bon à jeter, ou du vieux papier bon à recycler. Les rayons ont provoqué un véritable séisme. Comme une succession de coups de soleil d'une force insoupçonnable, ma bouche pèle de l'intérieur. Pour me soulager autant que possible, les infirmières badigeonnent toutes les parties en lambeaux à l'aide de bleu de méthylène. Je doute de l'efficacité de ce remède de grand-mère. De toute façon, vu mon état, plus rien ne peut me faire grand mal et je n'ai rien à perdre. Mieux, je souris quand je me retrouve la bouche toute bleue, sorte de Schtroumpf ou, plus terrible encore, de Gargamel ayant réussi à croquer des Schtroumpfs. Et là, je me retiens de rire sinon j'ai mal. Tout mon corps est hypersensible. Moins je bouge, plus je me concentre pour oublier la douleur et mieux je me porte.

Christine entre dans ma chambre en douceur et me glisse à l'oreille que j'ai de la visite. J'ouvre un peu plus grand les yeux. Puis je finis par les écarquiller complètement quand elle me dit que l'on m'apporte la communion. « Quoi ? Comment ? » Je tombe des nues. Tout d'abord, je n'ai rien demandé. Par ailleurs, je ne suis pas *in articulo mortis*, au point d'implorer l'extrême-onction. Je refuse donc l'hostie qu'on me propose. Il me semblait avoir été bien claire avec l'aumônier des lieux. Et il a respecté ma parole. Quelle est cette lourde insistance ? Qui tente de me faire avaler le corps du Christ ? Je suis outrée. Mon message est simple : son hostie, elle se la garde. Christine repart porteuse du message. Ma tête gamberge en tous sens et, après dix minutes de tortures, j'apprends que cette pauvre dame qui insistait encore s'est tout simplement trompée de numéro de chambre. Elle est repartie apporter la communion au patient qui l'attend. Quel soulagement ! Je reviens de mon jugement sur cette brave catholique qui m'a sacrément perturbée dans sa persévérance.

Elle ne m'a rien imposé. Dieu... merci ! La foi est une conviction. À chacun de vivre la sienne dans le respect de celle des autres.

Jour après jour, j'éprouve une douleur qui va en s'approfondissant. À part ma bouche, où je constate ce qui se passe et ressens des brûlures terribles, rien n'est visible. La douleur m'assaille de toutes parts et tente de pénétrer mes entrailles. Je les cloisonne. Tout est diffus, mesquin, aiguisé. Mais cette douleur, je la refuse tant, que je ne m'y attache pas. Je ne serai pas désarmée pour lutter. J'ai mon mental en première ligne, invincible. D'ailleurs, plutôt que la souffrance en tant que telle, ce que je dénie totalement est le fait de chavirer sous les assauts de celle-ci. Le pire pour moi est d'attendre que la douleur s'estompe. Que ce ressenti physique disparaisse. Mon esprit lui, évinçant cette émotion, prendra du temps pour accepter les persécutions de mon corps. C'est à peine s'il les lui accordera un an et demi plus tard.

Seul le temps peut adoucir les désagréments quotidiens que je vis. Ainsi, en permanence, je vis plongée dans un brasier ardent. Ma bouche, ma gorge, mon estomac, toutes mes muqueuses brûlent. Je découvre qu'il m'est impossible de décrire cette douleur avec des mots humains, avec des mots ordinaires tant cette souffrance est complexe. Et puis, la guerre que je livre sur le plan de l'esprit, en refusant toute place aux sensations, ne m'invite pas à rentrer dans l'infinité des variations de la souffrance. Un peu comme dans un jeu de cache-cache : c'est froid, c'est tiède, c'est chaud... ça brûle ! Et puis, le corps possède cette merveilleuse faculté d'oublier la douleur. Pourtant, lorsque le mal revient et m'assaille, je ne peux que laisser le temps au temps. L'impatience ne me conduit à rien. Je le sais. Autant laisser le corps évoluer, se reconstruire à son rythme, et prendre mon courage à deux mains.

La source de ce courage opiniâtre, je la trouve enfouie en moi. Je l'imagine volontiers comme une puissance rayonnante, de la taille des personnes qui m'entourent et m'apportent leur aide. Parfois, je me le figure sous forme d'une eau versée en baume à mes souffrances, d'autres fois comme un immense soleil. Les images varient, mais non cette certitude d'être soutenue. Sans les autres, je ne suis rien car, seule, coupée de relations, je n'avancerais pas. Bien sûr, je me suis forgée ce tempérament battant depuis mon enfance dans les voyages, les jeux, les dangers, les relations... Des situations difficiles à affronter ? Oui, j'en ai rencontrées à ma mesure. J'ai appris à rassembler mon énergie, à garder la tête froide et à utiliser mes ressources à bon escient.

Cette énergie folle parcourt ma vie. Elle pourrait être dévastatrice ou ravageuse si je ne la transformais pas en permanence en un « état positif ». Oui, je sais que tout peut s'écrouler. Je suis tout le temps sur le fil du rasoir avec cette douleur lancinante qui, telle une vague, repart à l'assaut de ma détermination.

Enfin, le courage m'apporte une certaine estime de moi-même. Il me permet d'être reconnue des autres. Il est là et me tanne pour que je progresse vers le bonheur et non vers la destruction.

Accéder au bonheur… Je médite ce grand rêve, qui consiste avant tout dans la façon d'aborder la vie. Je pourrais en vouloir au sort, au destin, à la fortune… À quoi bon ? Je cherche la paix en moi, avec moi-même avant tout, comme le plus précieux des biens.

Et parfois, cette paix, je la découvre même dans ma chambre stérile. Sereine, j'y trouve un équilibre et je médite. Y serais-je presque avec bonheur ?

Deux médecins, un homme et une femme, envahissent ma chambre. En théorie, ils viennent m'ausculter. Étranges, déroutants, ils ne sont pas habillés de blouses médicales. La femme revêt des habits de… bohémienne. Une longue jupe froissée tombe sur de jolis et fins petits pieds chaussés de ballerines. Pour un peu, elle va exécuter des pas de danse. Sur son gilet brodé de fils rouges tombe une abondante chevelure brune. Au moindre mouvement, les cheveux vaporeux volent et dispersent dans les airs un doux parfum. L'homme porte un nez rouge. Son costume bariolé, large, très large, vient tomber sur des chaussures beaucoup trop longues. Clown au sourire aussi ample que son costume, il s'approche de moi. Subjuguée, je me découvre allongée dans le chapiteau où se déroule leur représentation de cirque.

Perdue, oui, je suis totalement déboussolée. À un moment, ma vue se trouble, ma vision se rétrécit et ma gorge ne parvient plus à articuler le moindre son. Mon mouvement de mâchoire reste suspendu dans le vide. Vain.

Que m'arrive t-il ? Quel malheur pour moi ! Alors, la voix du professeur Zenatience parvient à mes oreilles. La femme à ses côtés ? Une interne silencieuse, en retrait et discrète, par nature ou par fonction. Leur présence me sort définitivement du coton. Après quelques instants, je comprends mon amalgame entre le rêve et la réalité. Mais rêvais-je vraiment ? Je suis perplexe. Toutes mes visions hallucinées paraissaient bien réelles.

Le professeur me pose la question rituelle : « Comment vous portez-vous aujourd'hui ? » Je veux parler, mais la douleur est telle qu'aucun son ne sort de ma gorge. Je reste la bouche entrouverte sans répondre. Seul, mon signe de tête distinctif avec un clignement d'yeux affirmatif fait comprendre que je vais bien. Je suis tellement brûlée de l'intérieur que je ne parviens qu'au prix d'une immense torture à sortir un son de mes cordes vocales. Bon plaisantin et profitant de la situation, il me réplique gentiment : « Enfin, aujourd'hui, je vais pouvoir parler ! »

Je ne peux m'empêcher de lui donner raison car je n'ai pas ma langue dans la poche. Pendant quelques jours, il aura la paix. Je ne le harcèlerai plus de questions ni n'engagerai la conversation sur toutes sortes de nouveaux sujets qui m'intéressent.

Je réalise à quel point articuler est un extrême supplice : sentir toutes ces parois à fleur de peau, hypersensibles, est un calvaire. Le professeur m'ausculte, constate ma grande fatigue, ajoute quelques commentaires et me laisse me reposer. Je le remercie toujours par signes. Heureusement, pas encore cabalistiques. D'ordinaire, sa visite me procure une immense joie. Aujourd'hui, elle m'assomme. Je ne sais plus ce qui se passe. Je dois replonger dans un sommeil cotonneux car, maintenant, les dompteurs entrent en piste avec les fauves. Quel régal !

Ma mère passe mais je limite mes paroles à quelques sons brefs. Ce rôle de « muette » me pousse à me surpasser, à me maîtriser. Je parviens à lui demander, par gestes, difficilement, de me poser des questions. Je suis trop fatiguée et je ne souhaite qu'une seule chose : me reposer. Compréhensive et patiente, elle s'installe à côté dans la petite cabine et lit son livre. Simple présence, elle comprend mon état. Parfois, elle me jette des regards tendres. J'admire ses mains, les pages de son livre tournent… Une, dix, vingt ? Les paupières lourdes, je m'endors.

Quand je les rouvre, elle a disparu mais son manteau est encore là. Je reconnais la douce voix de Valérie. Elle est désolée de me réveiller mais l'heure de la toilette a sonné. Aujourd'hui, je suis tellement fatiguée que j'accepte son aide pour faire ma toilette au lit. Je suis vidée. Ce doit être la deuxième fois que j'accepte ce renfort. Pour m'isoler du couloir où passent les visiteurs, elle baisse le store et m'apporte une bassine d'eau tiède. Lentement, en calculant tous mes gestes et en y concentrant toute mon énergie, je m'occupe de mes bras et de mon torse. Je suis épuisée et la laisse poursuivre le reste. Une fois terminée, installée dans le fauteuil, je laisse l'espace libre pour que l'on change mes draps. Le lit refait, je m'y couche à nouveau. J'acquiesce à la proposition de Valérie de remonter le store. Ce store, je déteste le voir baissé, tant je me sens alors isolée de la vie extérieure. J'ai besoin de voir au-delà de l'univers vitré de mon aquarium. Contempler la nature ou encore suivre les avions suspendus dans le ciel comme autant de promesses d'évasion. Avec eux, je m'envole pour des terres inconnues. Et je m'interroge, où vont tous ces gens assis sagement dans leurs étroits fauteuils ? Serrés les uns contre les autres, je devine chez certains les vacances, chez d'autres le retour au pays et pour certains les affaires. Oui, un avion ressemble à une éprouvette du monde, un bouillon de culture d'envies, de soucis, de joies… Étonnant comment mon esprit évolue au fil des heures.

Plus les heures passent, plus le désir impérieux de voir le jour grandit en moi. Je veux ressentir les trépidations du monde en marche. Je ne peux tolérer le store de la fenêtre baissé. Ce besoin devient une idée fixe.

Ce store levé ou baissé lors des toilettes intimes me laisse rêveuse. Je suis si fatiguée. Que se passe-t-il à présent pour qu'il monte et descende sans que personne ne s'en occupe ? Je ne comprends plus rien. Des projecteurs rougeoyants m'illuminent. Je ne vois devant moi que des formes confuses derrières des rectangles semi-opaques. Des hommes en costume, peut-être. À la place de mon lit, une scène. Et, évoluant sur la scène, moi, la patiente chauve, une fille au corps sublime, aux attitudes et aux pas de danse tissés de sensualité. L'espace confiné où j'évolue ne pose aucun défi à ma chorégraphie. Muscles tendus, buste cambré, j'attire tous les regards. Je suppose des murmures ne dépassant pas les cloisons, des hommes en action, qui sait, et d'autres éventualités encore. Tournant sur un plateau, je déploie tout mon art pour attiser les spectateurs avides. De l'autre côté des multiples vitres, des visages anonymes me déshabillent. Des rideaux s'ouvrent, d'autres se ferment et j'imagine les pièces qui tombent dans les boîtiers métalliques. Je continue mon show improvisé en attendant la relève. Tout s'arrête brutalement quand reparaît Patricia pour mes soins intimes. Le store est baissé, les projecteurs coupés, la représentation est terminée. Bonjour l'hôpital.

Le temps passe mais ce séjour diffère un peu. Si j'agis au mieux pour dépasser mes maux, si mes visiteurs continuent à me soutenir, mon état diminué les incite à me laisser reprendre du poil de la bête. Hâve, j'ai besoin de dormir encore et encore. Parfois, quand je m'éveille, quelle n'est pas ma surprise de découvrir un ami qui lit en silence. Simple présence, il est là, attend et veille comme une fidèle sentinelle sur moi. D'autres fois, je vois un mot sur la vitre, un message pris par les infirmières, un nouveau bouquet de fleurs. Ces attentions quotidiennes me touchent.

Mon esprit gamberge pendant que les cellules de Ségolène prennent peu à peu possession de mon corps et s'y multiplient. Allongée sur le ventre, sans faire sonner la pompe, la tête tournée du côté droit, je tente de me reposer dans cette position incommode. À côté de moi se trouve aussi un homme. Les cheveux argentés, un sourire éclatant, il porte allégrement sa cinquantaine. Il veille sur moi ou il m'étudie. Je le devine à son regard d'aigle. Confortablement assis dans un fauteuil, il tient dans ses mains une gaufre au chocolat, emballée dans un sachet plastique. À vingt centimètres de mon visage, il manipule cet emballage avec un soin maniaque. Il me dérange d'être si près. Enfin, il sort la gaufre pour la manger. Une première bouchée et le voilà qui mâche, sans gêne. Il pourrait aller déguster son goûter un peu plus loin, le rustre ! Mais là, juste sous mon nez, alors que je suis nauséeuse. Comme s'il n'y avait pas d'autres endroits. « Va t'en, pousse-toi ! » Il ne bouge pas. Impossible de le déloger. Je vais devenir grossière, maintenant. Au moment où j'ouvre ma bouche douloureuse, mes yeux découvrent qu'il n'y a personne. Vraiment personne. L'homme a subitement disparu.

Mon esprit divague complètement avec la morphine. Je perds le sens des réalités. Je ne comprends d'ailleurs pas pourquoi on m'en administre, tant ma douleur ne s'en trouve pas soulagée. Pourtant, la morphine est réputée depuis longtemps pour combattre la souffrance. J'ignore la dose reçue mais demande qu'on l'augmente. J'ai mal, si mal. Je n'arrive plus à exprimer la douleur qui m'envahit et me parcourt par vagues. Ce mal, je suis incapable de le définir précisément. Il me ronge de l'intérieur mais c'est un mal sensoriel. Je le garde dans sa dimension concrète et pragmatique. Je ne le laisse pas envahir mon plan émotionnel, qui est la composante la plus importante dans la douleur. Émotion d'ailleurs très subjective.

Par moments, j'arrive quand même à dormir et à oublier mes tortures corporelles.

Je dors encore et encore. Et petit à petit, faisant son nid dans mon sommeil, l'énergie revient. Pourtant, je reste souvent perdue entre plusieurs univers. J'assimile mon expérience à un gigantesque voyage spatial. Plongée dans un état second, reliée à des machines chargées de délivrer des substances nutritives et autres pour résister à la course des millions d'années-lumière que je parcours, j'erre. À demi consciente, je contemple les étoiles glissant devant mes yeux en une fuite accélérée ou ralentie. Je ne sais plus si j'approche de Sirius ou de Proxima du Centaure. Peut-être même mon vaisseau redescend-il sur terre, au point zéro, au point de départ. Quel monde vais-je trouver ? Une nouvelle planète des singes ?

Toute petite, tournée face à de gigantesques falaises de craie nées d'un sol sec et sableux, j'observe attentivement. Ai-je atterri ? La roche claire s'élance avec insolence vers le ciel à des hauteurs vertigineuses. J'en devine à peine le sommet. Non loin de moi, un groupe de personnes se tient en réunion. Curieuse, j'avance quand un homme se détache du groupe et me propose de gravir les falaises. J'accepte et me laisse guider. Une voix venue de nulle part me demande : « Quel niveau ? » Je n'y comprends rien. S'agit-il d'un niveau d'escalade ? D'une altitude à atteindre ? Je n'en sais rien. D'autant plus que maintenant, soutenue par aucun matériau visible, je file vers le ciel. Je monte et monte encore sans plus m'arrêter. Je n'ai pas de vent dans les cheveux et je suis protégée de la puissante lumière qui partout rayonne dans ce monde minéral. Tout en bas, je regarde le sol qui s'éloigne de moi et attends de voir la suite. Un certain temps passe avant que j'atteigne le sommet. Le monde autour de moi palpite d'immobilité. Ici, le temps s'arrête. Hésitante, je regarde puis, tout doucement, je commence à marcher dans le vide impalpable. À tâtons, je me déplace comme bon me semble et je pars à la découverte de cet univers inédit. Alors, je tombe nez à nez avec des moines tibétains. En lévitation dans une position fœtale, je ne sais pas s'ils me devinent ou non. Le teint mat, les pommettes rougies par le soleil, le crâne rasé, vêtus de la même tunique bordeaux, ils s'alignent avec rectitude quelle que soit la direction dans laquelle je regarde. Cette constellation d'orants inconnus me laisse perplexe. Je cherche à entamer la conversation. En vain. Personne ne veut me répondre. Je doute. Je suis sceptique puis je finis par comprendre que mon esprit divague. Et moi de regretter ce voyage énigmatique.

Nathalie entre pendant que je sommeille à demi. Elle apporte une crèche de Noël aux petits personnages de bois. Avec soin, elle l'installe sur la table sous la télévision. Voilà une nouvelle touche de décoration pour mon aquarium. Je réalise à quel point les fêtes approchent. Beaucoup de foyers doivent installer leur crèche, décorer leur sapin... Et moi aussi, j'ai mon sapin. Enfin, presque ! Caroline, fidèle dans ses visites régulières, m'a réservé une bonne surprise. Il y a deux jours, en ce 12 décembre, à l'extérieur de ma vitre, elle est arrivée le visage rayonnant. L'air satisfait et jovial, elle déroule du papier cartonné vert foncé et me le montre fièrement. Sa joie est complète quand je découvre étonnée ce grand sapin en papier, orné de boules dessinées et de guirlandes collées. Avec sa délicatesse, elle a trouvé le moyen de mettre mon aquarium aux couleurs des fêtes de fin d'année. Ignorante de ma maladie, elle se prend au jeu. Elle est vraiment adorable.

Tout doucement, mon corps retrouve son énergie et l'apprivoise lentement. La greffe prend et, comme lors de mes séjours précédents, mes neutrophiles remontent en douceur. Toujours perdue entre la terre et des mondes parallèles, j'atterris chaque jour un peu plus dans la réalité. Près de moi, Anne-Marie m'aide à avaler une nouveauté gastronomique ! Ce nouveau produit est un médicament anti rejet. Le liquide, très gras, possède sur la fin un goût de fer et provoque des nausées. Ni réjouissant ni appétissant, je dois le garder une heure sans vomir car, sinon, je dois recommencer. Pour cette manœuvre, je m'installe confortablement sans bouger et j'attends de recevoir ma pitance à la seringue, sorte d'oisillon déplumé et efflanqué. Ce liquide est dosé au millimètre. Pour faire passer son goût infect, Anne-Marie me prépare un verre de Coca-Cola et approche la seringue de ma bouche.

— Prête ?

J'ai envie de répondre « toujours », comme les scouts. Mais j'acquiesce plus simplement d'un hochement de tête, la bouche ouverte, en attente. Alors, Anne-Marie appuie sur le poussoir. J'avale sans penser et je déglutis malgré un spasme incontrôlé qui me surprend. C'est absolument immonde, ce produit. C'est dégueulasse ! Je me concentre sur mon corps et ne pense à rien d'autre qu'à garder ce liquide infâme. Je me métamorphose alors en momie vivante que rien ne doit troubler, pas même un souffle. Je ne dois pas vomir. En tout cas, pas dans l'heure qui suit. À ma grande tristesse, après cinquante minutes d'une immobilité hiératique, un vomissement royal secoue Néfertiti. Je sonne et Anne-Marie revient. Implacable. Je connais la règle du jeu : je dois renouveler cette absorption. Je n'ai pas d'autre choix. Après cinq minutes de répit, je reprends la même position. Je vais devoir m'habituer à ce produit car ce traitement va durer près d'un an à raison d'une absorption bihebdomadaire. Je ne suis pas au bout de mes peines ! Deuxième essai réussi : je suis sauvée.

Le téléphone sonne. Mon frère Henri me confirme son projet de trekking en montagne au Chili. Il compte faire l'ascension de l'Ojos del Salado. Je le sens contrarié. Je le trouve pudique pour exprimer sa joie. Voilà une attitude qui ne lui ressemble guère. En quelques minutes, il me fait part de ses scrupules à partir en montagne alors que je suis alitée. Alors, je l'encourage :

— Bien au contraire, pars en montagne. Éclate-toi. Fais-toi plaisir et emmène-moi en pensée sur ces cimes. Voilà tout mon bonheur.

Cette gêne, Henri n'est pas le seul à l'éprouver. Mon père aussi ressent de tels sentiments. Il est venu il y a deux jours et m'a parlé de son projet « Groenland » : il veut accompagner un voyage vers ces terres gelées. Mais il n'ose pas me laisser. Il veut ma bénédiction. Mon hospitalisation ne doit pas empêcher la Terre de tourner. J'exige de mon père qu'il vive sa vie. Si tel est son souhait, qu'il le réalise.

Certes, je ne pourrais pas, vu mon état, accompagner ni mon frère ni mon père ! Mais unis par la pensée, nous vivons vraiment ensemble ces aventures et je ne les considère pas comme m'abandonnant à mon « triste sort ». Eux aussi vivent mon hospitalisation. Je le sais bien ! Et puis, j'aime voir les gens libres autour de moi. Je ne tiens pas à les accaparer ou à les étouffer. Les oiseaux doivent voler, plutôt que de végéter en cage à mes côtés. Nous touchons ici, ensemble, à cet éternel équilibre des limites : ce que je peux donner, ce que je dois prendre aussi pour me ressourcer. À mes voyageurs chéris, je donne une bénédiction solennelle. J'exige seulement qu'ils se régalent et viennent me conter les plus belles découvertes à leur retour. J'ai hâte de voir leurs yeux briller et pétiller de joie.

Pour l'instant, je suis attentivement observée par six paires d'yeux, voire huit. Rien ne distrait ces regards scrutateurs. Ce groupe assis sur des chaises autour de mon lit s'exprime en anglais. En observatrice avertie, je remarque une exception : un fauteuil roulant. À côté de lui se tient un personnage plus qu'obèse dont les multiples bourrelets de graisse débordent du tee-shirt et d'un pantalon prêt à craquer. Je discute avec eux – ils ont plus de conversation que les Tibétains – et je prends de leurs nouvelles. Je connais bien ces Américains de ma famille. De passage, ils prennent ce moment pour me rendre visite. En un éclair, je réalise soudain qu'ils ne sont pas vêtus de vert. Vert, couleur des vêtements stériles portés par tous ceux qui pénètrent dans ma chambre. Illogique. Il y a un problème. Je réalise mon erreur et découvre la pure chimère suscitée par mon esprit. En plus, je n'ai jamais eu de cousins américains.

La morphine possède un étrange pouvoir. Alors que je n'éprouve pas de soulagement face à la douleur, elle me promène dans des mondes insoupçonnés. Proche de la réalité, elle laisse flotter un doute avant que, par inadvertance, je devine la supercherie chimique dont je suis victime. Le cerveau m'étonne. Organe complexe, il recèle quelque chose de magique, lorsque je chemine entre terre et irréalité. J'estime avoir de la chance de ne m'être jamais aventurée dans de mauvais rêves ou des cauchemars. Je ne vois pas de démons ni de sorcières et je ne me perds pas dans des trous noirs. Aucun de mes voyages embrumés n'a jamais rejoint un registre négatif.

Toutefois, je m'interroge : qui est maître à bord ? Qui décide de ces songes ? À quel moment l'inconscient s'exprime-t-il ? Je ne sais pas. Cette fois, peu m'importe. Si la morphine peut m'aider...

Pourtant, mon état s'améliore de jour en jour et mes neutrophiles remontent doucement. C'est le seul et unique combat où ma volonté demeure sans effet : encore et toujours, je dois alors attendre tous les matins le verdict de leur progression.

Je pense souvent à eux et je les imagine volontiers comme de petits êtres vivants qui courent et s'activent tant qu'ils peuvent. Ils participent à ma course contre la montre et tentent tout ce qui est en leur pouvoir pour m'aider. Fiers collaborateurs, ils ne chôment pas, bien au contraire. De mon côté aussi, je décide de m'y mettre : si je veux hâter ma sortie, il faut manger. Peu d'aliments me tentent pour recommencer à me nourrir. Je n'ai aucun appétit. En étudiant la liste des produits autorisés à venir de l'extérieur, j'ai soudain un éclair de... gourmandise : des bonbons. Aussitôt dit, aussitôt commandé. Ma mère au téléphone prend la liste de sucreries en commande. Comme une enfant rédige sa liste au père Noël, je rêve de couleurs, de formes... de sucre. Et puis, Noël approche à grands pas. Aussi, je me motive pour être dehors avant cette date. Passer les fêtes en famille représente un beau challenge, mais quel cadeau ce serait pour moi !

L'opération bonbon progresse correctement. Je sais bien depuis Brel que « les bonbons, c'est vraiment bon » mais il y a davantage à mes yeux. Je suçote mes bonbons lentement, les uns après les autres. Un par un, d'abord. Je ne vomis pas. Tant mieux. Puis deux par deux, puis trois... J'espace un peu moins mes becquées de bonbons. De plus en plus souvent, les infirmières me trouvent la bouche pleine. Mon estomac travaille à nouveau et ne râle pas. Ma motivation m'encourage moi-même. Tout, autour de moi, indique l'imminence de ma sortie. Il ne me reste plus que quelques jours. Arriverai-je au bout de ce chemin interminable d'enfermement et d'isolation ? J'y crois dur comme fer mais la décision finale dépend peu de ma volonté. Seuls, les neutrophiles comptent et... sont comptés. Si je suis décidée à convaincre le professeur d'accepter l'échéance de Noël, je ne pourrai rien contre le verdict de mon corps. Pourtant, j'ai établi ma liste d'arguments, mes atouts pour réussir une telle sortie. Et puis, mon caractère devrait compter autant que ces fichus neutrophiles, n'est-ce pas ? S'il le faut, je suis prête à lui casser les pieds et les oreilles mais je sortirai pour Noël. Entêtée, bornée plus que jamais, je suis résolue. Je veux et je dois sortir. Maintenant, mon corps doit m'obéir et ne pas me faire défaut.

8

Un coup de nageoire pour retrouver la bande

Veille de Noël. 1999. Bruxelles. Hôpital Saint-Luc – Maison.

En cette matinée du 23 décembre, à l'annonce de mon taux de neutrophiles, mon cœur frémit. Et je bondis de joie. J'approche des 500 obligatoires pour sortir. Ma motivation, j'en suis persuadée, les activent, les exhortent, les encouragent ! Comme un chef de chantier, je conduis la grande reconstruction de mon corps éprouvé. Les vives douleurs se sont envolées. La morphine est terminée. Méconnue, la souffrance a disparu comme un trait de craie effacé sur un tableau noir. Acharnés au travail, dévoués, mes neutrophiles ne regimbent pas. Tout mon monde a le sourire et, sans se plaindre, avance dans la même direction.

Le lourd battant de la porte s'ouvre. Et je découvre Agnès, venue seule pour la consultation. Elle ne ressemble plus à la bohémienne échevelée de l'autre jour. Elle est arrivée en hématologie depuis septembre ; j'apprécie beaucoup sa présence et je sens que mes sentiments sont partagés. Son statut d'interne facilite peut-être un contact privilégié ? Je ne sais pas. Mais elle me comprend et se montre suffisamment proche pour que je puisse la mettre de mon côté. En tout cas, je le crois. En attendant, je la laisse à son travail. Elle exécute parfaitement tout le rituel de la consultation. Je ne veux pas la distraire. Patiemment, j'attends qu'elle ait terminé pour discuter. Je lui avoue avec sincérité mon désir d'être sortie pour le 25 décembre. J'estime la date idéale et – comment dire ? – bien choisie ! Sûre de moi, je lui déclame mon argumentaire, décidée à la convaincre :

— *Primo* : le 25 sonne dans deux jours, ce qui me laisse encore un peu de temps et me donne l'assurance d'une belle remontée de mes neutrophiles. *Secundo* : le jour de Noël ne laisse personne indifférent. *Tertio* : je pourrai fêter Noël en famille chez mon grand-père ! *Quarto* : je serai l'un des trois patients à être restés vingt-neuf jours en chambre stérile – temps record actuel – pour la période post-greffe, ma troisième période.

Je trouve cet ensemble d'arguments suffisant pour que l'on me laisse sortir. Quant à l'opinion des autres, elle ne vient piper mot à mes oreilles. Peu importe la date et l'avis général, tant qu'il y a sortie et que je m'achemine sur la voie du rétablissement !

Agnès, subjuguée par mon obstination, me promet qu'elle en parlera au professeur. Je crois que j'ai réussi : elle souscrit à mes arguments.

Excitée à l'idée de sortir dans deux jours, j'ai du mal à tenir en place. Je trépigne. Mon cœur bat la chamade. Parfois, je me traite de tous les noms. J'essaie tant bien que mal de me reposer en attendant la consultation de demain. Ce sera le professeur

Zenatience qui me rendra visite. Il possède ce redoutable pouvoir de décision. Aussi, je l'attends fermement dans l'espoir d'entendre tomber de ses lèvres le « oui » libérateur.

Après une nuit où le sommeil m'a été confisqué par l'excitation, le jour se lève et opère une de ces transformations dont je n'ai que trop l'habitude. Le temps se métamorphose en une éternité immobile. Rien n'avance plus. Chaque geste se ralentit. Je vis dans un monde figé. Alors, méthodiquement, je me concentre sur les petits actes de ma vie clouée à l'attente. Je mange mes bonbons en me répétant comme une litanie de patience : « Mange, mange, avale, digère... » Nathalie entre et me propose le déjeuner. Bien que je n'aie pas faim, j'acquiesce : pour sortir, je dois me nourrir par moi-même. Je connais le contrat depuis le départ. Pourtant, fourchette en main, après une seule bouchée, j'abandonne mon assiette.

Soit que je fatigue, soit que ma tension nerveuse retombe, mais mon excitation de Noël se relâche peu à peu. Et, tout doucement, je glisse dans un sommeil réparateur. Les heures d'insomnie de cette nuit m'ont épuisée, or je crains toujours une fatigue excessive susceptible de pousser mes neutrophiles à la chute. Qui sait ? Pourtant, je crois que, dans les rêves anarchiques de ma sieste, Noël continue d'occuper la place principale.

Il est quatre heures de l'après-midi. Enfin, la lourde porte s'ouvre et le professeur Zenatience apparaît, vêtu de vert. Vert : j'espère ! Nous sommes le 24 décembre. Aujourd'hui, cela fait vingt-huit jours que je vis en chambre stérile depuis ma troisième entrée. Il m'ausculte et me livre par intermittence, plus amusé que surpris, les commentaires revenus à ses oreilles. Un instant, j'éprouve le net sentiment qu'il joue au chat et à la souris. Le professeur comprend bien ma volonté de sortir. Pas une seule fois, il ne doute que je ne fasse tout ce qui est en mon pouvoir pour cela. Alors, heureux de jouer au père Noël, il m'accorde la sortie pour le lendemain, la sortie de Noël. Mon cœur bondit d'allégresse. Je veux crier de joie. Je veux danser et dire que le monde est beau, que la vie l'emporte toujours. Que la vie gagne.

— Attention, Laetitia. Je vois ton sourire, mais je n'ai pas fini. Je pose deux conditions.

Cette simple phrase refroidit toute ardeur chez moi. Je crains le pire et écoute attentivement.

— D'abord, tu manges ce soir et demain midi. Et surtout, tu dois garder les deux repas. Pas de vomissement. Suis-je assez clair ?

— Parfait. Je comprends bien.

— Bien évidemment, nous jugerons de ton état demain. S'il se maintient comme aujourd'hui… Si tu gardes tes deux repas, je donne mon accord sans restriction. Le Dr Strass est de service demain. Elle aura la consigne.

Je le remercie avec effusion, à nouveau tout excitée. Garder mes deux repas constitue un défi acceptable, réalisable.

D'un ton légèrement interrogateur, cette dernière remarque :

— Laetitia, je suppose que tu n'auras pas besoin d'un psychologue ?

— Non, ça ira. Merci tout de même...

Le professeur me laisse avec cette merveilleuse nouvelle. À présent, j'ai l'espoir de réussir mon pari. Comme je me sais tout feu tout flamme, je tente de me calmer et de reprendre mes esprits. Ce nouveau suspens me paraît aussi insensé et irréaliste qu'à portée de main. Je m'amuse de ces contradictions de mon esprit et j'y perçois les oscillations de mon cœur entre doute et désir, entre crainte et espérance. Oui, je tente de me calmer. D'abord, je ne suis pas encore rendue à demain. *Secundo,* je n'ai pas encore mangé de repas et je ne contrôle pas du tout les réactions de mon corps. Mon estomac peut se révolter et me jouer au dernier instant un tour fatal ! Enfin, la décision finale dépend du Dr Strass. Bien informée, elle peut néanmoins estimer mon état trop fragile pour me laisser sortir. Un adage populaire prétend qu'avec des « si », on mettrait Paris en bouteille... Avec des « si », on peut bien risquer de ne jamais sortir.

Dehors, l'obscurité a pris possession de la ville. La nature elle-même n'apparaît plus que par ombres plus denses. J'imagine que demain je pourrai marcher dans ces rues où brillent des lumières falotes. Je décide de me recoucher. Je ne veux pas trop rêver non plus. La chute pourrait en être d'autant plus difficile. Devant la baie vitrée de ma chambre, des visiteurs du soir passent. Ils ne viennent pas pour moi mais ils me gratifient de salutations. La soirée s'annonce ennuyeuse. Aussi, j'allume ma télévision pour un bref zapping.

Ma mère sort de l'ombre. Elle me sourit. Je l'avais oubliée ! Elle me propose de rentrer. J'acquiesce.

Fabienne, partant au Chili, ne voulait pas bloquer sa place de personne entrante.

Une heure ou deux passent. Je n'y fais pas attention. À travers la cloison passent les effluves des plats cuisinés du dîner de ce soir. Je vais devoir l'avaler en entier. Sacré défi ! Au menu de ce soir : du steak haché et du riz. Je ne fais pas d'histoire et je mange obstinément, cuillerée après cuillerée. J'espace chaque bouchée d'un moment de répit, dans l'espoir de faciliter ma digestion. Je mastique du mieux que je peux. Mon estomac ne doit pas me faire faux bond ! Surtout pas maintenant. Non sans peine, j'arrive à finir mon assiette après un temps invraisemblable. Alors, je sonne. Le plateau va repartir en cuisine. Toujours sous le regard de ma mère, calme et sereine en apparence – en réalité un peu tendue –, j'attends avec appréhension les réactions de mon corps.

Shivra arrive à point nommé. Des gargouillis de ventre se font entendre. Elle propose à maman un plateau-repas pour son réveillon de Noël. Il est là et personne ne le mangera si elle n'en profite pas. Elle accepte ce geste et accompagne Shivra au bureau. Elle y rédige ses bons vœux. Vers 23 heures, aucun rejet ! Ce soir, je veux croire en la victoire. La moitié du chemin parcouru m'encourage. Je m'endors paisiblement.

Le 25 décembre au matin, je trépigne d'impatience. Je lance un appel à la cantonade : toute l'équipe doit me prévenir dès qu'elle connaîtra l'heure de visite du Dr Strass. Un instant, je réalise à quel point l'univers dans lequel je vis depuis presque un mois crée des distorsions : aurais-je consacré autant d'attention à mes repas un an auparavant ? Non.

Désormais, je rêve de sortir à midi. En respectant cet horaire, je pourrais être à Gotem, chez mon grand-père, pour le dessert ou le café. Avec ma famille, nous lui avons caché cette bonne surprise pour lui éviter une déception au cas où je devrais rester à l'hôpital encore un jour ou deux. Mais mon imagination prompte à se saisir de la moindre bribe de réalité voit la porte s'ouvrir, le visage de Daddy s'illuminer et une voix forte clamer : « Laetitia, tu es là ! » Pour le moment, mes parents se trouvent déjà à Gotem. Ils ne m'attendent pas. Si je sors comme je le désire, je suis bien incapable d'en prévoir l'heure. De plus, je dois rester lucide : les départs avant midi sont rarissimes. Et j'ignore si je pourrai convaincre le Dr Strass de me laisser filer plus tôt si elle vient en fin de matinée. Frédéric m'a promis d'être mon chauffeur et de me conduire à la campagne.

Pour patienter, je prépare mes affaires. Je dois gagner du temps pour tout à l'heure. Depuis le temps que je vis dans cette chambre, j'ai accumulé du matériel. Oui, ma chambre finit par ressembler à une caverne d'Ali Baba. En plus de quelques bibelots, je fourgue dans mon sac des livres, des peluches, des lettres, des revues... Un inventaire à la Jacques Prévert dans lequel me manquent les fameux ratons laveurs... Je m'attelle à un vrai déménagement en miniature. Le grand sac de voyage qui a accompagné mon entrée ne suffit plus. Je le complète par des cartons mis de côté par l'équipe en prévision des sorties. Je ne suis pas une exception en la matière. Je remplis un carton, puis un autre et encore un autre. Tout cet amas d'objets que j'ai fait rentrer m'affole un peu. Les deux infirmières de service me consacrent un instant. Leur coup de main est précieux. Nous remplissons encore des cartons, à croire que ce déménagement ne finira jamais. Cette mise en caisse arrive enfin à son terme. Je compte six cartons, en plus de mon grand sac de voyage prêt à craquer. Malgré mon enthousiasme, je conserve quelques objets à portée de main. Après tout, je n'ai toujours pas l'autorisation de sortir. À midi, le docteur n'a toujours pas montré le bout de son nez. Sans m'inquiéter, ce retard me contrarie un peu. En revanche, le repas arrive. Je me répète à l'envi : « Je dois le garder, je dois le garder et surtout… je veux le garder. »

Sur mon plateau, je retrouve certains mets du repas de Noël des infirmières. Cette attention me serre le cœur : elles se sont privées pour partager un peu de leur dîner. J'y vois une de ces nombreuses délicatesses qui émaillent mon séjour à l'hôpital. Je goûte, en particulier, les merveilleux nems préparés spécialement pour l'occasion par Lam. Un pur régal. Gourmande, je les aurais bien tous dévorés mais je me limite à trois. Je ne sais pas encore si mon estomac supportera un tel traitement. Je ne peux me permettre de vomir maintenant. Si proche du but, ce serait trop bête !

Doucement, je digère en discutant avec les deux infirmières venues en visite. Depuis que je vis dans cette chambre, nous avons eu le temps d'apprendre à nous connaître et à nous apprécier. Anne-Marie, assise sur le lino, Christine appuyée contre le mur et moi en tailleur au pied du matelas, nous partageons cet instant précieux. Je conserve, gravé en ma mémoire, ce moment de grande simplicité où nous partageons le fond de notre cœur. Un patient sonne et Anne-Marie se retire pour se rendre à son chevet. Puis une sonnerie de téléphone m'enlève Christine. Seule, je repars divaguer dans mon monde imaginaire et vole avec ces avions qui filent dans le ciel.

Les minutes passent. Interminables. Quatorze heures sonnent et voici venir le docteur. Enfin ! Jamais mon cœur n'a battu aussi fort car mon attente peut tourner à la catastrophe ou à la joie la plus débordante, la plus inexprimable. Mon esprit envisage, comme une échappatoire, que ma sortie puisse être reportée de 24 heures. Tout en me disant que je m'y plierais, je bannis cette possibilité. De plus, Frédéric m'attend et tourne en rond de l'autre côté de la vitre, depuis une heure. Il ressemble à un lion en cage. Il ne peut plus tenir.

La porte s'ouvre. Le docteur Strass paraît. Musique ! Je pourrais presque écrire la musique d'une scène d'ouverture d'opéra avec toutes les idées fulgurantes qui me traversent l'esprit. Je la vois bien apparaître dans un grand éclat de cuivre.

— Bonjour, Laetitia. Comment ça va ?

— Très bien. Je suis prête à partir si vous m'en donnez l'autorisation.

— Ce n'est un secret pour personne dans le service. Je vais voir. D'abord, je t'ausculte et selon, je te donne le feu vert ou le feu rouge.

Je la laisse à son travail mais, en mon for intérieur, je suis convaincue de la victoire. Certaine qu'elle est déjà d'accord pour me laisser sortir, elle vérifie quand même qu'aucun symptôme inquiétant ne peut me menacer. Cinq minutes de patience et de cœur battant avant qu'elle m'accorde de sortir. J'avais raison. Je peux sortir mais je n'ai pas encore l'accord pour la suite. M'autorise-t-elle à aller maintenant à Gotem chez mon grand-père ? J'argumente. Mais aussitôt ai-je fini d'exposer mes arguments qu'elle désapprouve mon idée. Quarante-cinq minutes de route aller puis retour représente une fatigue bien éprouvante. Au trajet s'ajoute la situation de risque que représente mon entourage présent en nombre. Je risque alors d'être rapidement en danger. Têtue, je n'ai pas dis mon dernier mot et je réplique sans me laisser abattre, défendant chaque argument comme un pouce de terrain à ne pas céder.

— Pour le monde, je peux porter un masque ou m'isoler avec seulement deux ou trois personnes. Pour la route, je me sens tout à fait capable de la supporter. Je suis en forme.

À nouveau, je répète sans me lasser la multitude de mes arguments. J'attends sa bénédiction pour aller chez mon grand-père. Me connaît-elle obstinée ? Non, elle va donc le découvrir. Je veux tant réserver une belle surprise à mon grand-père et être avec ma famille ! Je vais simplement montrer à Daddy que la vie continue et même qu'elle reprend pour moi. Je me suis battue, je me suis acharnée et maintenant, comme si de rien n'était, je suis là parmi eux. Le docteur Strass comprend ces arguments mais elle reste négative. Sa décision comme le ton de sa voix ne sont pas fermes, ce qui me laisse encore de l'espoir. J'y crois et je recommence l'énumération de mes arguments en y ajoutant ceux qui me viennent encore à l'esprit. Tant que je n'aurai pas un « non » définitif, je n'abandonnerai pas. Pour finir, je réussis à obtenir ce que je veux ou presque. Je n'obtiens pas un oui bien explicite mais je n'entends pas non plus un veto définitif. Elle me laisse le choix, en adulte, et me laisse à la responsabilité de mes actes. Je suis majeure et, au fond, c'est ma vie. Je décide de partir. Je dirai à mes parents que j'ai obtenu l'accord du médecin pour ne pas les inquiéter. Et puis, ce n'est pas tout à fait faux ! Enfin, je joue avec l'explicite et l'implicite… Qui n'agirait pas comme moi dans pareille situation ?

Content de pouvoir bouger, Frédéric fait passer mes vêtements et file chercher un fauteuil roulant dans le hall d'entrée. Aidée de l'équipe, je sors mon énorme sac et mes six cartons. Nous les entreposons devant la double porte battante. Je laisse derrière moi mon aquarium privé de son poisson, ou plutôt devrais-je dire : de sa jolie sirène. Je quitte mon domicile comme un bernard-l'ermite abandonnerait sa coquille. J'éprouve le sentiment du vide. L'air passe sur mes épaules et je ressens l'espace comme une nouvelle dimension. Je me dirige vers le sas où le personnel soignant et les visiteurs se changent à chaque entrée et sortie. Les moindres éléments attirent mon attention. Enfin, je découvre les robinets et les produits sous l'horloge où Fabienne a passé tant de temps. Et l'affichette explicative qui indique les règles de nettoyage des avant-bras et des mains à la brosse... Ces éléments anodins complètent le puzzle qui constitue mon passage ici. J'ai un terrible besoin de tout répertorier, de tout garder en mémoire pour ne rien tronquer.

Pressée malgré tout de retrouver mon grand-père et les miens, j'enfile les habits choisis par Frédéric. Il a prévu un bon pull à col roulé avec un jean. Je m'abstiens de soutien-gorge car la perte de deux kilos et demi se ressent dans tout mon corps. Je flotte un peu partout. Ainsi vêtue, sans rien sur la tête, je suis prête. Je veux sentir le vent et la température sur mon crâne. Toutes les privations sensorielles vécues m'incitent à ne pas le couvrir. Je souhaite retrouver les sensations oubliées. Je veux reprendre contact avec l'environnement de ce monde que j'ai quitté six mois auparavant.

À quinze heures trente, dans le couloir, l'équipe, Fred et moi, agençons de la meilleure façon possible ma montagne d'affaires sur le fauteuil roulant. Je ne suis pas mère Noël mais, avec cette pile gigantesque en ce jour du 25 décembre, j'y ressemble.

Voilà, tout est prêt pour le grand départ ! Tout le monde est là, réunis auprès de moi sur le pas de la porte. Nul roulement de tambour pour annoncer l'événement ; pourtant, l'émotion à son comble nous submerge. Mélange subtil de joie et de tristesse. J'embrasse virtuellement chacun avec tendresse et je prononce mes mots d'adieu. Nous reverrons-nous vite ? Je ne sais pas. Oui, certainement certains visages. Nous avons vécu et dépassé tellement de difficultés ensemble. Tous ont la larme à l'œil, et moi aussi. Une nouvelle fois, j'éprouve des sentiments contradictoires. Je n'ai pas envie de les quitter mais en même temps je suis appelée par ce nouveau monde que je vais retrouver. J'en ai oublié les saveurs et les couleurs mais pas les rêves que j'y traçais sur le sol comme Saint-Exupéry dessinait son mouton pour le petit prince. Avec difficulté, je m'engage dans le couloir, poussant la chaise roulante, accompagnée de Frédéric. Je n'éprouve aucune difficulté pour marcher. Pourtant, chaque pas marque un petit déchirement. Je me détache de mon aquarium et de cet univers satellite que j'avais fait mien. Par crainte de perdre mon nouveau Nord, je n'ose pas me retourner. Bouleversée, la gorge serrée, j'essaie de rester droite et d'avancer avec sérénité. Un pas. Un nouveau pas. J'avance doucement et je regarde l'objectif : le monde extérieur. Heureusement que je ne suis pas Orphée, car ma curiosité insoutenable m'entraîne à jeter un rapide coup d'œil derrière moi. Là, je découvre la double porte encore ouverte de l'unité stérile : le 56, où l'équipe de l'après-midi au complet se serre les coudes. Eux aussi sont émus par ma sortie. Je vois des yeux plus brillants que d'habitude. Les mouchoirs ne sont pas loin. Après tant de temps enfermée dans ces douze mètres carrés, ma sortie prend une dimension gigantesque. J'avance. Trop lentement à mon goût, trop vite aussi. À hauteur du bureau du 52, service ouvert d'hématologie, je ne trouve pas le courage de lever la tête. Je veux garder mes larmes secrètes. Pudique, je poursuis ma route et, en face des ascenseurs, j'explose en sanglots. Tant d'émotions se bousculent en moi que seules les larmes expriment le feu d'artifice de peines, de tristesse, de joie et de bonheur qui m'inonde. Toutes ces émotions oubliées, cachées, mises à l'écart sortent incontrôlées. Elles expriment un seul sentiment : « J'ai réussi ! » Je me suis battue jusqu'au bout avec courage, acharnement et ma réussite m'accompagne. Dehors et à nouveau libre de ma destinée, tout se précipite dans ma tête. Je me lâche. Mon corps se libère de la tension accumulée. Je ne suis plus Laetitia malade mais Laetitia victorieuse. Pudique et attentionné, Frédéric me tend un mouchoir en papier. L'intensité de ce bonheur conjugue mes larmes avec l'allégresse. J'ai atteint mon objectif : positif !

L'ascenseur arrive. Je me ressaisis. Frédéric m'aide à rejoindre avec tous mes effets le grand hall où la vie grouille, bavarde, grogne, rit, espère. Je regarde et j'absorbe ces informations comme une situation nouvelle. Je redécouvre un temps oublié. J'accumule les informations et je les emmagasine en arrivant dehors. Le froid saisit mon crâne découvert. Baignant dans le bonheur, je m'arrête un instant et je sens la chaleur des rayons posés sur ma peau. Oubliées, les vitres de protection. Ces caresses invisibles et sensuelles sombrent au profit de l'odorat. Des odeurs habituellement imperceptibles me sautent soudain au nez comme une évidence. « Ça pue. La ville sent mauvais ! » Mon monde aseptisé a bouleversé mes repères. À présent, ma sensibilité est hyper-développée. Je profite de toutes ces sensations dont j'ai été privée, sans que ma conscience en laisse échapper une seule. Mon esprit comme mon corps, du bout des orteils jusqu'au sommet de mon crâne, abusent des simples plaisirs qui forment la vie.

Arrivés à la voiture, nous chargeons mes cartons envahissants. Assise à la place du passager, j'attends Frédéric, qui ramène le fauteuil roulant à sa place. Contemplative, je ne bouge pas et je savoure tout simplement la moindre sensation. Je ne demande rien de plus, à cet instant : l'homme ou la femme qui possède le bonheur possède tout.

Direction la maison, où nous déchargeons mes affaires. Mon rythme se ralentit prodigieusement alors que Frédéric s'active pour repartir. J'hésite, je me sens si fatiguée ! Tout ce remue-ménage, cette énergie dépensée est difficile à gérer. Fred m'encourage à ne pas laisser tomber et surtout à garder en tête la joie qu'aura mon grand-père en me voyant. Nous partons pour Gotem.

Quarante-cinq minutes de route, pendant lesquelles je reste silencieuse et observatrice. J'économise mes faibles forces et surtout, comme une étrangère, je redécouvre le monde que j'ai comme oublié. Sur le seuil, je hume les odeurs de mon enfance et je me replonge dans les souvenirs qui me reviennent en mémoire. J'abaisse la poignée et j'entre, suivie de Frédéric. Discret, il reste derrière moi. Nous franchissons le seuil et j'écoute. Ils ne sont plus à table mais au salon. Sur le pas de la porte, j'annonce d'une voix réjouie : « Coucou, nous voilà ! »

Sans m'attarder aux autres, je marche directement vers mon grand-père et je l'embrasse. Il a les larmes aux yeux, tant le fait de me voir lui fait plaisir. Il réalise que je suis vivante. Oui, je suis sortie et encore là. L'émotion submerge tout le monde. Je salue d'un signe de la main lointain en guise de petite attention. Je ne dois pas oublier les recommandations matinales. Je suis tout de même affaiblie et en danger potentiel. Je passe une partie de l'après-midi entourée de tous avant de reprendre la route reconduite par Fred. Nous rentrons à la maison, j'ai besoin de repos. Ce 25 décembre reste un de mes plus beaux Noëls et devient une fameuse date. Elle indique pour les chrétiens la naissance de Jésus-Christ sauveur. Sauveur de vie, sauveur d'espoir. Cette date fatidique devient en plus pour moi une seconde naissance. C'est ma renaissance. Sortie de mon cocon de protection, je vais réapprendre à me débrouiller seule, à vivre de manière indépendante, et surtout sans oublier les leçons apprises dans l'aquarium. Petit à petit, pas à pas, je vais reprendre les rênes de ma vie.

9

Après le requin blanc, je retrouve mon corail

Décembre 1999. Bruxelles. Maison.

Toutes les joies et les émotions d'aujourd'hui m'ont vidée. Je sombre dans le sommeil dès que ma joue effleure l'oreiller. Frédéric est adorable. Il me laisse tranquille et travaille dans le bureau. Discret comme tout, il vient juste me réveiller par un baiser pour me proposer de dîner. J'accepte bien volontiers un riz frit. Non seulement Frédéric aime préparer ce plat mais il y apporte un art indéniable. Mais je me connais, j'éprouve encore du mal à manger. Je me nourrirai de quelques bouchées pour dire que je mange ce soir. Ce repas léger conclut cette intense journée. Frédéric m'incite à retourner me coucher sans tarder. J'ai besoin de récupérer. Installée dans ma position préférée, sur le ventre et une jambe repliée, sans qu'une pompe risque de sonner, je pense trouver le sommeil rapidement. Tout m'encourage au sommeil mais je n'aperçois pas la berge des rêves. Pas moyen de m'endormir ! J'attends dix minutes, quinze minutes, puis vingt, puis voilà la demi-heure, enfin l'heure passe. Impossible de trouver le sommeil. Je n'arrive pas à m'endormir à présent.

Vraiment pas. Je ne me sens pas bien. J'éprouve une angoisse. Larvée, indescriptible, elle me ronge. De tels sentiments ne me ressemblent pas. Bizarre ! Et pourtant, j'ai retourné le problème dans tous les sens. Je dois admettre ce sentiment, ce malaise profond, et je dois le nommer : l'angoisse. Je suis atteinte par l'angoisse.

Que se passe-t-il ? Pourquoi ? Je n'en ai aucune idée. Je suis simplement certaine du sentiment de tension irrépressible que je perçois. J'ai besoin d'être soutenue et rassurée, tant l'angoisse me tiraille et m'opprime. « Je ne sais pas, je ne sais plus, je suis perdu », chante Manu Chao ! Je me sens torturée au fond de mon corps par « dame Angoisse ». Je la vois venir. Elle chevauche son cheval noir à travers les plaines venteuses de la crainte. Et comme un guerrier subtil, faisant languir notre combat face à face, elle revient constamment me harceler. Elle ne me lâche pas d'un pouce. Je ne comprends pas. Je suis inapte à contrôler ce qui se passe. J'invoque mon sang-froid comme on invoque les esprits : « Où es-tu ? Oui, je te parle vieux compagnon… Toi qui d'habitude te montres présent et même parfois trop, que fais-tu ? Ne me lâche pas, s'il te plaît, reviens, j'ai besoin de toi ! »

Rien à faire, je n'arrive pas à me débrouiller seule. Je secoue et réveille Frédéric endormi. Il m'aide à me calmer. Malgré tout, je ne suis pas vraiment plus rassurée pour autant. La peur traverse mon ventre en longues crampes. Des coups de couteau me feraient moins mal. Peur de ne plus manger, peur qu'il m'arrive quelque chose, peur d'être sortie trop tôt ! Je ne sais plus du tout où j'en suis et je perds les pédales. Tout à l'heure avec profondeur, avec sincérité, je suppliais qu'on me laisse sortir ce 25 décembre. J'ai obtenu cette autorisation et désormais j'ai peur. Peur d'être seule dans cet univers dangereux pour moi. Je n'avais pas à me prendre en charge dans mon cocon, mais maintenant, comme un raz de marée, ma nouvelle liberté se présente à moi dans sa vérité nue. Je suis seule face au danger, face aux maladies. Ma fragilité reste bien réelle. Tant attendue, la liberté montre son véritable visage : celui de la responsabilité, du risque, de l'audace et du pari. Jamais les enjeux n'ont été aussi clairs, jamais je n'ai été aussi paralysée.

Les heures tournent en suivant les aiguilles. Ou le contraire. Heureusement Frédéric s'est rendormi. Je le regarde dormir. Sa présence paisible devrait me rassurer. Enfin, le jour s'annonce, loin, si loin. Le ciel passe du noir au bleu sombre. Des ombres s'esquissent. Puis le bleu marine vient se nuancer de teintes améthyste. À mesure que le voile de la nuit se lève, « dame Angoisse » s'efface de mon cœur. Assistant à son évaporation dans les airs, je me jure qu'elle ne remettra jamais plus les pieds sous mon toit. Empêcher les honnêtes gens de dormir, quel comble ! Plus encore, je la chasse de cette plaine aux herbes échevelées, au vent glacial d'où, fière et bravache, elle m'a menacée toute la nuit. Je ne connaissais pas cette créature, nous nous rencontrions pour la première fois cette nuit. Cette rencontre inopinée m'a fait découvrir encore une inconnue au pouvoir redoutable. Si j'aime la rencontre, celle-ci, je la conspue définitivement. Oui, c'est bien la dernière fois ! Aucune occasion ne m'avait jamais fait ressentir ce genre de torture incontrôlable. Ni l'annonce de la maladie, ni n'importe quel moment en chambre stérile ou en dehors, lors des autres séjours extérieurs, ne m'ont fait éprouver une telle expérience. Le plus horrible pour mon âme énergique est bien de se sentir possédée par une force indomptable. Incapable de gérer ce sentiment, j'ai vécu une nuit soumise aux caprices de mon esprit. Malgré ma volonté, je n'avais plus le contrôle de la situation. Le départ matinal de cette angoisse absolument inattendue me laisse un marquage au fer rouge.

Tout me sourit en ce matin du 26 décembre. Sortie de l'hôpital, je m'éveille avec plaisir en redécouvrant mon univers. Autour de moi, rien n'a bougé ou presque, le temps se serait-il arrêté ? Je n'ai pas aussitôt fait le tour de ma chambre du regard qu'à nouveau, je me retrouve dans un état désagréable. Ce vague à l'âme matinal est moins fort que cette nuit. Il diffère au sens où je me sens comme nue. Je n'ai rien à faire ; aucun projet à court terme ne trotte dans ma tête. Même les actes simples de la vie, comme faire des courses, passer à la banque, se rendre à son rendez-vous, faire du ménage... non, je n'ai rien à faire. Mes études sont loin, comme dans une autre galaxie!

Avec stupeur, je réalise qu'après des semaines d'absence, toutes mes activités ou presque sont gérées par les autres. Que je le veuille ou non, cette situation était inévitable. Désormais, je suis déchargée de tout ! Une assistée...

Ce sentiment creuse un vide étrange en moi. Ma présence à la maison me donne l'impression d'un décalage, du saugrenu, voire de l'absurde. Détachée du monde pendant six mois, je n'ai plus de prise sur les événements qui remplissent une journée et en font la vie !

Jamais je n'ai ressenti cette vacuité pendant ma période d'hospitalisation. Aujourd'hui, au point du jour, jeune lendemain de Noël, je découvre, comme un néant flottant tout autour de moi, une fosse abyssale. Tout l'univers que j'avais édifié dans ma chambre stérile a sombré à chaque pas de ma liberté retrouvée. Cet univers n'existe plus et désormais plus rien ne tient debout. Je dois tout reprendre à zéro, tout reconstruire, tout repositionner.

Je me trouve comme une prisonnière victime de trois brutalités successives. Le choc de l'incarcération : j'apprends ma maladie et je suis hospitalisée sans pouvoir même encore faire un tour. Le choc du jugement : si les traitements vont me guérir comme j'en suis convaincue, sortirai-je indemne ? Le choc de la libération : et ensuite…

Alors, encore une fois de plus, je concentre toute mon énergie pour réfléchir à un nouveau système d'organisation. Je cherche à retrouver mes marques dans ce monde. Tout va trop vite. Le temps ne constitue plus une valeur de vie mais a pris la fuite. Tout le monde est pressé, incessamment. Tout doit aller vite. Il apparaît évident pour mes semblables qu'il faut faire plus vite, toujours plus vite… comme si la valeur du temps consistait à pouvoir jouir au maximum de tout au risque de ne rien mener à fond, de papillonner. Toujours plus vite, encore plus vite. Je me sens dépassée. Je ne viens pas de la même planète. Plus que tout, je tiens à retrouver doucement la vie.

De mon lit où j'installe ma base, je songe à l'existence. J'imagine des milliers de gens dehors. Le temps les précipite dans un cyclotron. Ils gravitent comme des électrons libres, avant d'être propulsés à toute vitesse et en tous sens dans ce monde. Cassé, divisé, séparé, éclaté, voilà ce que devient un atome dans un accélérateur de particules.

Leur ressemblais-je avant de passer ces 115 jours d'hospitalisation ? Probablement. Oui. Mais maintenant, je suis certaine que non. En tout cas, pas encore.

Inlassablement accrochée à mon couchage, en ce 27 décembre, je continue à réfléchir. Incohérentes, mes pensées n'ont ni queue ni tête. Mais j'aime gamberger sans limite, construire et démonter des histoires aux choix multiples. Par-dessus tout, j'aime rêver à ces milliers d'autres humains et m'interroger longuement sur leur culture, leurs coutumes, leur environnement. Certains sont comme moi, d'autres à mes antipodes, qui sait ? Pensent-ils à leurs frères ? Sont-ils masse humaine ou individu ayant une pensée propre ? Je reste songeuse et pense sans m'arrêter. De nombreuses idées me traversent l'esprit pendant que, sans m'en rendre compte, je voyage.

Si je réfléchis pendant une longue matinée, toutefois, mon existence reprend aujourd'hui son bonhomme de chemin. Dans mon aquarium, je disposais au début d'une partie de mes papiers facilitant la gestion administrative de l'assistante sociale. À côté de moi, j'accumulais les documents de la clinique, principalement des factures.

Ces factures, voilà bien la première réalité qui me replonge dans le concret en cette fin de mois. Courageusement, je m'attaque à leur épluchage et à leur classement.

Outre la paperasserie, je déballe mes cartons. Ils envahissent le salon. Petit à petit, je remets de l'ordre dans l'appartement, je range et je me réapproprie mon espace comme si je découvrais un nouvel appartement. Consciente, je ris par moments en me disant : « Je prends un nouveau départ ! »

Peu à peu, je trouve les petits « peu » qui prennent un « rien » de temps. Faire un brin de ménage, cuisiner un plat, aller à la boulangerie... Enfin, des envies naissent en moi. Comme un souffle nouveau, je reprends pied dans le monde. Pourtant, je reste changée. Libre de mes choix et de mes actes, j'essaie de me débrouiller seule et, étape par étape, je redécouvre une certaine activité. Je jongle entre ces dernières et les périodes de repos.

Doucement, chez moi, je retrouve mes points de repère. Mieux encore, je me nourris et je retrouve avec satisfaction l'appétit et le plaisir de manger. Après ces périodes de restriction alimentaire, ou plutôt de non-appétit, j'apprécie merveilleusement le talent culinaire paternel. De chez son frère, mon père me mijote des petits plats suivant mes envies du moment. À ma demande et selon les caprices de mon estomac, il prépare avec amour les mets les plus fins. Je suis gâtée et, comme un oisillon à la becquée, je reprends gramme après gramme mon poids d'origine. Attristée de ne plus retrouver les fruits de l'été, je me régale des plats préparés maison. J'oublie rapidement les menus de l'hôpital, avec ses plats qui passent, repassent et re-repassent encore au four ou dans je ne sais quelle machine pour aseptiser le tout. La sensation dans la bouche d'un aliment qui fond, d'un goût sucré, un peu acide ou amer, constitue un plaisir simple. Dire que je l'avais oublié depuis six mois ! Le goût de la vie me revient avec l'appétit. Et je ne garde pas cette joie pour moi seule. Mon entourage découvre ma nouvelle pétulance. L'hôpital aussi car j'y suis suivie.

Désormais habituée, je me rends à la consultation. Première d'une longue série depuis ma sortie définitive, je viens faire contrôler l'hématocrite, les plaquettes et diverses cellules liées à l'immunité, sans oublier le taux de ciclosporine dû au médicament anti-rejet au goût ignoble. Habituée des lieux et du déroulement, je médite à nouveau sur le terme « patient », tant l'attente est longue. Je ne peux m'empêcher de faire un tour.

Faire un tour, une balade, sera le rituel coutumier des consultations à venir. Au lieu de rester à attendre sans agir, je m'occupe. Non plus seulement ma chambre mais tout l'hôpital Saint-Luc devient mon espace de jeu. Une fois ma prise de sang faite, les patients que je connais salués en salle d'attente, je monte dans les étages. Soit au cinquième pour l'hématologie, au neuvième pour la FIV (fécondation *in vitro*) mais surtout au zéro pour la facturation. Pourquoi ? Parce que Fabienne m'a avertie – à la suite d'un article dans une revue de grands consommateurs – que les factures de l'hôpital Saint-Luc sont souvent erronées. J'ai déjà repéré deux erreurs :

quelques thermomètres inexistants et une chambre seule, alors que je me trouvais en chambre commune. Je dois le signaler et obtenir la déduction de ces montants dans les factures suivantes.

Je passe au -1 pour saluer l'infirmière des prises de sang au service gynéco, puis rejoins ma mère, qui n'a pas bougé. Elle est plongée dans une longue discussion avec Florence. Cette patiente, elle aussi atteinte de leucémie, n'a pas encore trouvé, à son grand désespoir, de donneur. En la voyant en quête d'espoir, je réalise chaque fois un peu plus combien j'ai eu la chance de recevoir une allogreffe. Je discute un peu, jusqu'à ce qu'Éric m'appelle. C'est lui qui me suit encore, tant mieux. Nous maintenons un excellent contact, et le voir est un véritable plaisir.

Dans la cabine 1 : pour gagner du temps, je monte sur la balance en l'attendant. Il entre et je lui donne mon poids. Je saute sur la table d'auscultation où il m'examine. Tout est correct et se poursuit sur la bonne voie. Je n'ai plus qu'à attendre les résultats. Par chance, les voilà, tout est bon. Éric souhaite que mes cellules continuent leur progression. Je suis sur la bonne lancée. Prochain rendez-vous : dans trois jours. J'y serai avec plaisir. Voilà bien une raison d'être heureuse d'un suivi.

Plus que satisfaite des bonnes nouvelles, je rentre à la maison et je me repose tranquillement cet après-midi. Mon besoin de répit et de paix n'annihile pas mon essence profonde. Je continue à me lancer des défis et à vivre mes impulsions. Et mon vélo, toujours dans l'entrée, me démange. Faire un petit tour, juste un petit tour est un plaisir auquel je ne résisterai plus très longtemps.

J'ai craqué pour l'escapade shopping avec Caroline, prévue pour le début d'après-midi. Je me dépêche de passer les commandes pour être entièrement disponible. Je suis tout enthousiaste. Je fréquente rarement les grands halls où la foule grouille. Souvent, en soirée et surtout le week-end, je préfère ne pas perdre de temps dans ces lieux où des masses compactes se concentrent. Aujourd'hui, j'accompagne Caroline pour trouver deux cadeaux d'anniversaire. Je ne crains pas la foule, comme nous sommes mardi : nous y serons hors des grandes affluences. Les cadeaux de Noël sont finis et les soldes n'ont pas encore commencé.

Caro, ponctuelle, vient me chercher avec son 4 x 4 citadin qui remplace son ancienne voiture. Au moins, dans celui-ci, elle sera protégée de tout chauffard. Elle s'est bien rétablie de son accident. Elle ne boite plus et rien ne se voit quand on ignore ses antécédents. Nous arrivons dans l'énorme hall aux dizaines de magasins et de marques illuminés de néons multicolores. Elle connaît les lieux, aussi commençons-nous par la librairie. Comme à mon habitude, j'ôte mon couvre-chef et mon blouson car je suffoque. Distraitement, je regarde les livres, je feuillette de-ci, de-là. Après quelques interrogations auprès du libraire, Caro trouve son bonheur et nous filons vers une boutique que je ne connaissais pas. Véritable caverne d'Ali Baba aux richesses insoupçonnées, je découvre des livres instructifs, des jeux inattendus, des objets insolites. J'admire l'inventivité et les idées de cadeaux originaux proposés par ce magasin. Là, Caro se retrouve devant l'embarras du choix. Je tranche pour elle en espérant que le destinataire du cadeau appréciera. Elle n'a plus rien de précis à acheter, ce qui nous permet de déambuler avec plaisir. Nous revenons en direction du parking en faisant du lèche-vitrine. Alléchées par les odeurs de gaufres au sucre, nous marquons une pause gourmande.

Assises sur un banc, Caro se lance enfin dans une question qui la turlupine depuis notre arrivée.

– Laetitia... Comment dire ? Tu n'as pas l'impression que tous les badauds nous regardent ?

– Non, pourquoi ?

– Ton crâne chauve marque les gens. Ils se retournent sur notre passage et vers toi principalement.

– Ah bon ? Je ne le remarque pas. Enfin, je n'y fais pas attention. Tu sais, ce n'est pas un problème pour moi d'être chauve, je me sens bien comme ça. La perte des cheveux traumatise bien des gens dans les cas de traitements lourds. Pour ma part, je me sens encore plus femme, sans cheveux. Je sens ma féminité comme exacerbée. Je ne regrette pas d'être chauve et surtout, j'ai la chance d'avoir un beau crâne.

– Moi, je ne pense pas que ça m'irait ! En tout cas, si je n'en ai pas besoin, je préfère ne pas tester.

Pendant quelques minutes encore, j'essaie de vendre la cause des chauves à Caro. En pure perte. Plus de cheveux à laver, à coiffer, des sensations nouvelles, inédites, telles que l'eau tiède ruisselant sur la tête. Malheureusement, je n'ai pas l'autorisation de nager et je ne saurais jamais ce que nager chauve peut apporter. Caro demeure dubitative. Je me demande si je ne l'ai pas gênée au cours de notre promenade, si elle n'est pas la plus troublée de nous deux... J'espère que non. De toute façon, elle aurait la sincérité de me le dire.

Nous voilà reparties pour la maison où nous passons la fin de l'après-midi à discuter. Nos projets d'avenir occupent le plus clair de notre discussion. Ainsi, depuis ma tendre enfance, je voyage et cela représente pour moi un grand bonheur. J'ai conscience de l'année qui s'annonce, où je vais rester clouée en Belgique à graviter autour de la clinique. Seule escapade possible, la France, car mes parents y résident. Alors, avec Caro, je rêve à haute voix. Mes paroles évoquent des projets d'embruns ou de sable chaud, des horizons lointains et des plaisirs de soleil couchant. Je décris déjà des couleurs jamais aperçues par les peintres eux-mêmes quand l'azur rejoint l'horizon. Je me berce de rêves, j'attends, j'espère en demain. Je ne peux tenir qu'ainsi. Patience, un jour le voyage recommencera ! Aujourd'hui, mon suivi médical est une priorité, gagner des sous un désir personnel et étudier un objectif intellectuel : un défi pour réussir et, qui sait ? assurer un peu plus mon avenir. Je ne peux pas tricher avec cette réalité.

Les journées filent à grande vitesse. Songeuse le matin, je m'active surtout en milieu de journée. Je mets de l'ordre, vaque à des petites courses et me balade un tantinet. Mettant à jour mon agenda, je constate stupéfaite que l'année 1999 touche à sa fin. Le réveillon de l'an 2000 me saute aux yeux comme une alarme rouge clignotant « *warning* ».

Le premier de l'an est au pied de la porte. Ce nouveau départ, je veux le fêter ! Je n'ai jamais été passionnée par les fêtes du nouvel an : à mon sens, elles sont souvent un prétexte à des fêtes factices. En revanche, ce passage à l'an 2000 me permet d'envisager de tourner la page sur l'année 1999. Je veux laisser derrière moi les six derniers mois de 1999 et célébrer ma victoire. L'an 2000 ? L'année de tous les projets. Je ne vais pas me gêner pour souhaiter comme de coutume à minuit, santé, bonheur et prospérité mais cette fois en y pensant réellement. En ne méconnaissant plus les mots de la célèbre formule que je trouvais jusqu'alors assez convenue et désuète. Et je me souhaiterai à moi-même ces vœux de bonne santé. Qu'elle reste présente et m'accompagne à jamais. La santé ? Je réalise à quel point ce capital, essentiel pour vivre, est un bien dont nous avons trop peu conscience. Sans perdre une minute, je planifie le nouvel an avec des amis parisiens. Ils organisent une belle fête mais, avant de leur donner mon accord définitif, je dois demander la permission. Je ne veux pas me risquer à faire des écarts insensés sans avoir l'autorisation médicale. J'attends avec hâte la consultation. Ma leucémie ne s'est pas arrêtée à la porte de l'hôpital. Me poursuivra-t-elle encore longtemps ?

J'ai un bon bilan médical, pour ne pas dire excellent. Mon corps se reconstruit. Absence totale de signes de rejet, mon corps accepte les cellules de Ségolène. Mais je dois rester sous surveillance constante. Tous les trois jours avant de passer à une fois par semaine puis tous les quinze jours… et je finirai par une visite annuelle. Je resterai éternellement plus sensible aux infections mais de là à m'enterrer, jamais ! Ce serait me mettre en danger.

Prête à 7 h 30, je prends la voiture et file en direction de l'hôpital. J'attends avec impatience le verdict de mon projet. Je commence par ma prise de sang avant de m'installer dans la salle d'attente. Étrangement, je suis rappelée par l'infirmière qui réalise soudain qu'elle ne m'a pas prélevé de sang pour contrôler le taux de ciclosporine. Éric a oublié la dernière fois de cocher la case adéquate sur la feuille de prélèvement. Heureusement, l'infirmière a l'œil.

Je recommence donc une seconde prise de sang car ce taux est essentiel pour déterminer l'évolution de la greffe. Désormais, je prendrai la précaution de vérifier si un tube ne manque pas pour la ciclosporine. Un oubli arrive à tout le monde.

À présent, j'expose mon projet au professeur Zenatience que je vois aujourd'hui. Sa décision est catégorique. C'est non ! Il ne faut pas que j'exagère, je sors à peine de l'hôpital. Cinq jours plus tôt, j'étais encore en chambre stérile.

Face à son attitude déterminée et, sentant qu'il a raison, je me plie à sa décision. Je ne me démène pas pour le faire céder comme pour le 25 décembre et j'écoute, résignée, ses arguments. Il est plus que léger de s'exposer à quatre heures de route et d'aller sans beaucoup de sommeil au contact de gens.

Frustrée, je n'ai pas de projet sur Bruxelles et je ne veux pas en avoir. Rester seule chez moi avec

Frédéric est loin de mes espoirs originels mais ce sera mon réveillon. Je rentre avec la pauvre satisfaction de savoir qu'enfin je peux diminuer un peu la dose de ciclosporine à avaler. Mon état d'âme ? Je suis déçue et triste de ce non. L'échec me contrarie. J'ai conscience que je ne peux mettre ma santé en jeu, pourtant j'ai besoin de vivre. Monsieur Zenatience n'a rien dit que j'ignore. Il ne tient pas à me contrarier gratuitement mais je garde tout de même son refus en travers de la gorge. Arrivée à la maison, j'annonce la couleur à Frédéric. De nous deux, c'est lui qui m'étonne le plus, à ne pas affecter de déception. Nous nous contenterons d'une soirée ordinaire. Tant mieux pour lui ! moi, je râle intérieurement. J'ai beau être sortie de ces six mois en ayant laissé la maladie à l'hôpital, ma leucémie gravite autour de moi comme en orbite. Je suis en stade de rémission mais la guérison, nous en parlerons dans quelques années si je n'ai eu ni rechute, ni complications.

Consciencieuse, j'avale les doses prescrites de ciclosporine et surtout je n'oublie jamais le jus de pamplemousse dont je me délecte d'une ou deux gorgées après. Le jus de ce fruit interagit avec ce médicament et me permet d'en diminuer les doses.

Avec le temps, je me suis habituée au goût infect et surtout j'avale ce liquide épais en l'ignorant. Je ne réalise pas un instant que mon corps puisse rejeter la greffe. J'exclue cette éventualité. J'ai joué ma partie dans le jeu et, maintenant que je suis sortie, j'estime que tout est terminé. Je suis consciente que le corps médical ne parle de guérison qu'après trois à cinq ans post-greffe mais pour moi les mots comptent aussi peu que les délais : je suis dehors. Je peux revivre et profiter des instants d'un bonheur dont j'ai été privée. Je ne cherche pas à savoir si je suis guérie officiellement, si je suis débarrassée de cette maladie car la sortie de mon aquarium signifie pour moi l'aboutissement, le bonheur retrouvé. Les six mois pronostiqués par l'infirmière à mon entrée à l'hôpital se sont bien écoulés. Ils signifient à mes yeux la fin de mes soins de santé. Je suis remise sur pied et rien d'autre ne viendra perturber la suite. Cette conviction m'habite et ne s'altère pas.

Bien sûr, je continue mon suivi et j'ai un corps à rebâtir mais je range ces facteurs sur un autre plan. J'ai assumé mon enfermement, j'en sors. Et je retrouve la liberté d'agir à ma guise. Enfin, presque ! Car ce soir, je vais demeurer à la maison alors que j'imaginais Paris en fête pour m'accueillir. L'an 2000 à Paris : il y a de quoi rêver...

Aujourd'hui, nous sommes le 31 décembre, dernier jour du mois et surtout dernier jour de l'année avant d'en commencer une nouvelle. Mon cœur triste et serré ne m'incite plus à la fête. En guise de soirée de nouvel an, je pars, accompagnée de Frédéric, pour une courte promenade piétonne. Direction le traiteur chinois de la place, à cinq minutes de chez nous. Quelle aventure me dis-je amèrement ! Au moins, nous aurons un dîner plaisant même s'il n'est pas aussi exceptionnel que ce dont je rêvais pour cette soirée du 31.

Nous patientons quelques minutes avant de prendre nos plats cuisinés et rentrons par un autre chemin. Malgré la nuit noire, l'éclairage public illumine la chaussée. Je souris en découvrant sur les escaliers publics un énorme graffiti à la craie. En quatre mètres par trois, un grand cœur dessiné soutient le cri le plus éternel du monde : « Je t'aime ! » En cette soirée de nouvelle année, nous immortalisons cette œuvre anonyme en photo.

À la maison, nous dînons devant la télévision. Frédéric zappe entre les différentes chaînes afin d'avoir un aperçu général des fêtes du nouvel an dans le monde. L'an 2000 suscite des délires un peu partout. Certains ont même loué des jets privés pour célébrer, au fur et à mesure de la rotation de la Terre, deux ou trois fois le même nouvel an ! Les fous ! Et moi qui n'attendais qu'une seule fête. À peine le repas terminé, je me laisse glisser sous la couette et j'enfouis ma tête sous l'oreiller pour ne rien entendre. Vexée d'être clouée ici, je préfère m'isoler et refuse de partager le plaisir des autres. Je dois accepter que mon corps ne soit plus celui d'avant. Je ne dispose plus des mêmes capacités, de la même résistance, et cette pensée m'attriste encore plus. Bonne fille, je tente de me convaincre : demain sera un autre jour et sûrement le début d'une année meilleure.

Sous mon oreiller, je me raisonne. Je fêterai la prochaine nouvelle année mieux que celle-ci. Pour le moment, mieux vaut demeurer prudente. Le pire serait de devoir retourner à Saint-Luc.

10

Retrouver l'océan ! *Thalassa !*

L'an 2000. Bruxelles. Nouveau départ.

Changer d'année est ridicule. D'autant plus ridicule que je ne me suis jamais sentie autant exclue de la fête. Avec la nouvelle année viennent les bonnes résolutions. Je m'interroge sur ce besoin cyclique de redéfinir nos envies, nos projets. Pour ma part, j'apprécie de relancer les dés en ce début d'année. « Ceux qui prennent de bonnes résolutions ont plus de chance de s'y tenir que ceux qui n'en prennent jamais », expliquait une enquête dans un journal, il y a peu…

Depuis sept jours, je vis en dehors de mon aquarium. De nouveaux défis peuplent mes rêves. Les projets d'aventure que je nourrissais avant ma leucémie restent certes réalisables, mais ils devront être adaptés. Je suis loin d'en être navrée, car ces six mois ont été l'occasion de les mûrir et d'en imaginer d'autres. Parfois, je m'imagine, avec tous mes rêves les plus fous, comme une coquille de noix sur l'immense océan, je flotte, ballottée, dans l'immensité des possibles. L'unique certitude de ce matin et l'unique bonne résolution à prendre consistent à me préparer à mes examens de première année en podologie pour le mois de juin. Aujourd'hui, premier janvier, je m'accorde un jour de vacances. Un jour supplémentaire, sans contrainte. Un livre en main, paisible, je ne bouge pas.

Le téléphone sonne à point nommé. Des élèves de cours viennent aux nouvelles et veulent passer me souhaiter une bonne année. Par précaution, je me montre inquisitrice : aucune d'elles n'a un rhume ? Autre chose ? Non. Alors, j'accepte bien volontiers. Elles arrivent vers 17 heures, après des révisions du cours de pharmacologie dont le professeur a la réputation de fonder l'apprentissage sur le « par cœur ». Sa méthode nous… gave ! Et nous fait éclater de rire. Petit à petit, je vais devoir me remettre la tête dans les notes et les livres car je suis aussi une étudiante en première année de podologie. Certes les examens sont encore loin, pas avant juin, mais je dois non seulement récupérer mon retard et organiser mes cours, mais surtout refaire fonctionner mon cerveau. Je m'arrange avec Isabelle, car je trouve ses notes claires et je parviens à la lire sans difficulté.

Je les remercie vivement pour leur visite et leur attention. Grâce à elles, je replonge dans la vie et les études. Nos sourires à toutes valent une des plus belles joies de cette sortie d'hôpital. Je suis comblée. Rachida prend des nouvelles par téléphone. Je la remercie pour la bande dessinée qu'elle m'a offerte il y a quelques mois. À l'annonce de ma leucémie, elle a fait dédicacer une BD à mon intention par les professeurs et les élèves, connus et inconnus. Cette attention reste gravée dans mon cœur.

Ce soir, Frédéric rentre avec trois pâquerettes cueillies en chemin. Il me les offre avec simplicité en indiquant d'autres fleurs dessinées sur une feuille de papier, souvenir de l'hôpital. Autant que je m'en souvienne, il ne m'a jamais offert de fleurs ; celles-ci ont donc beaucoup de valeur. Nous passons une soirée tranquille tête à tête. Je m'endors blottie contre lui pendant qu'il regarde un film.

Je profite de sa présence. Et je reprends des forces. Dans une semaine, Frédéric part pour San Francisco. Je dois être en forme car je vais recommencer à m'occuper des commandes pour les produits français que nous livrons aux grands chefs de restaurant. Je me remets à la page car après six mois d'absence totale, j'ai perdu de vue les restaurants qui sont nos clients réguliers, les clients ponctuels, et ceux qui sont vraiment occasionnels.

Quand Frédéric travaille, je l'écoute et je retiens les informations utiles. Je n'éprouve pas de crainte, car les chefs me connaissent, pour la plupart. Ils sont informés de ma maladie et seront, je n'en doute pas un instant, tolérants. Aujourd'hui, j'ai une bonne surprise, puisque Vianou me rend visite avec de la soupe faite maison : saveur poireaux et courgettes.

Elle repart et je vais m'allonger. J'ai encore besoin de beaucoup de repos. Je passe un temps fou sur mon lit, que ce soit pour lire, ranger, dormir ou faire la sieste. J'en ai bien besoin pour retrouver l'énergie que je possédais avant mon hospitalisation.

Parfois, mon énergie semble se régénérer toute seule ; d'autre fois, je la trouve dérisoire, comparée à celle d'origine.

Les premiers jours de janvier, généreux, apportent en offrande à la nouvelle année le renouveau du soleil. Les rayons d'une lumière claire me décident. Je protège ma peau, sensibilisée par l'irradiation, en l'enduisant de crème solaire comme si je partais skier. Vite, je sors mon vélo et, comme une débutante, je remonte dessus en tenant en équilibre instable par manque de vitesse. Quelques coups de pédale pour effectuer un aller et retour dans la rue. J'ai parcouru vingt ou cinquante mètres. La distance compte peu face à cet exploit après lequel je ressens une fierté incroyable. Encore une nouvelle victoire ! Et aussi une histoire folle à raconter. Après une greffe, on ne se remet pas si vite en selle. Il faut accorder du temps au temps. J'apprécie l'originalité, les petites touches d'humour et la légèreté de la vie. Je sais combien la vie n'est pas à brader ou à mépriser depuis ces derniers mois : oui, elle est sérieuse. Pourtant, je veux continuer à la prendre avec simplicité. Et me réjouir du cœur qui bat, de l'oiseau qui pépie sur sa branche, des couleurs du levant ou du couchant, du simple effort.

Je suis si contente de remonter la pente, et j'éprouve une ivresse insoupçonnée à chaque fois que mon corps retrouve petit à petit ses capacités.

Mon corps n'est pas le seul diminué : mon esprit aussi peine. J'éprouve des difficultés incroyables à me concentrer. Mémoriser me paraît le travail de l'esprit le plus difficile. Je ne suis pas dans les meilleures conditions pour intégrer les cours, j'ai juste assez d'énergie pour dépanner Frédéric dans son travail. Pourtant, je vais travailler aussi ma mémoire, sans relâche, avec opiniâtreté, pour retrouver mes esprits ! L'occasion se présente puisque Frédéric part prendre son avion. Qu'il s'octroie une pause, un moment de détente me paraît plus que légitime. Il éprouve le besoin de souffler et de se retrouver. De plus, San Francisco, ville dont il connaît les mille recoins et qui le surprend à chaque instant, lui offre l'évasion dont il a besoin. Qu'il se détende, le pauvre a bien mérité son repos. Non seulement, professionnellement, il a travaillé comme un fou mais il reste aussi très marqué par ma maladie. Ne me confiait-il pas encore hier au soir que chaque visite à l'hôpital le vidait de son énergie. Désormais, il part se ressourcer pendant que je gère les commandes des chefs.

Je dépouille mon courrier et découvre le montant d'une nouvelle facture. Je l'additionne aux précédentes et tiens mon tableau de calcul. Le vertige m'étreint. Des tarifs me semblent démesurés mais telles sont les conséquences d'une hospitalisation longue. J'ai beaucoup de chance d'avoir bénéficié de l'aide de l'assistante sociale dès mon entrée à l'hôpital en juillet. Travaillant dans l'enceinte de l'hôpital, elle fait partie de l'équipe et elle est recommandée pour son travail. Les patients ou membres de la famille s'occupant des papiers administratifs sont orientés vers elle par l'administration. Sans elle, j'aurais du mal à dire que je recommence à vivre.

Son aide irremplaçable me permet d'acquérir un précieux statut. Je suis considérée comme personne invalide à 66% pour raisons de maladie. Le tiers payant des factures n'est plus à ma charge et est soldé par le service social communal. Je ne dois qu'à un retard de papiers, la première facture dont j'ai dû m'acquitter : 1 500 euros, réglés par mes parents. Ce n'est que pacotille face à l'addition salée qui suit et que je découvre en goutte-à-goutte.

Je n'ai pas vraiment une grande visibilité sur ce qui m'attend. Certaines factures arrivent avec bien du retard. Sans hésiter, je les passe au peigne fin et cherche les erreurs. Je n'ai pas oublié le message de Fabienne.

Non seulement, l'assistante sociale a lancé des demandes dans le maquis des faveurs possibles pour m'octroyer 66% d'invalidité, mais encore elle me montre un horizon potentiel dans le remboursement des billets d'avion utilisés pour la venue de Ségolène.

Bien décidée à ce que cette maladie soit la mienne et m'appartienne entièrement, je rembourse mes parents des 1 500 euros avancés pour la première facture et Ségolène du billet d'avion pris pour venir me donner les cellules souches. Je ne veux rien devoir pour cette leucémie. Je suis majeure et vaccinée, je veux m'assumer et... l'assumer. Tout le monde en est quitte. À moi désormais de continuer à présenter les dossiers adéquats pour obtenir les remboursements vitaux. Leucémie : excès de « mauvais globules blancs ». Paperasserie : excès d'imprimés blancs ! J'y vois non sans sourire une suite logique de ma maladie.

Malade, je le suis, handicapée aussi pour l'administration mais pas défaillante au point de ne pouvoir remplacer Frédéric. Mes matinées de travail passent à une vitesse extraordinaire. Peut-être l'accélération de ces journées est-elle due en partie à la perte de mon dynamisme physique ? Petit à petit, j'arrive au but et je prends une commande complète en deux heures au lieu des cinq ou six du début. Les affaires reprennent ! De mon lit, allongée sur le ventre, le téléphone en main, je m'occupe des restaurants et peu à peu je complète mes tableaux de commande en même temps que j'atteins mes objectifs commerciaux. Miracle, ma capacité à me concentrer progresse. Très fière de mon travail et ravie d'entendre à nouveau des voix sympathiques, je songe que je suis une chrysalide sortie de son cocon de verre et d'acier. Je dois encore muscler mes ailes pour aller danser sous le soleil.

Ce matin, 3 janvier, je suis attendue pour ma première consultation de l'an 2000. La première de cette nouvelle année. De retour à l'hôpital, je ne peux m'empêcher de rendre visite à tous les services. Tout d'abord, je signale au service de facturation chaque erreur, puis je monte dans les étages saluer le personnel soignant, donner des nouvelles et en prendre. Ensuite, je pars saluer les patients que je connais. Je sais à quel point une visite, un instant de compagnie, offre un bonheur incomparable, à quel point l'impact de cette attention est un plus pour le rétablissement. Qu'est-ce qu'un peu de mon temps, face à tout ce que j'ai reçu ? Rien. Et puis ce temps passé à attendre, autant ne pas le laisser filer.

Après mes visites, j'attends ma consultation. J'en profite pour étudier autour de moi les autres patients.

Certains lisent pour tenter de délivrer leur esprit de l'angoisse ou de l'attente. D'autres, perdus dans leurs pensées, ont le regard vague. Un autre regard croise le mien, un regard de vivant : voilà une chose rare que des yeux pétillants ! Je réponds par un sourire qui reste inaperçu. La faute en est à mon masque. Ma bouche cachée dernière ce voile bleu reste invisible. Je déteste porter ce déguisement. Heureusement, je peux le laisser de côté à la maison. Évidemment, la foule, les assemblées, les salles d'attente me sont déconseillées !

Bien sûr, j'ai intégré ce masque au milieu d'autres restrictions logiques, comme l'interdiction d'aller à la piscine, de prendre des bains : seule la douche m'est autorisée. Du côté alimentaire, rien de nouveau. Les consignes demeurent les mêmes. Je dois tout laver et relaver plusieurs fois et éviter en particulier les légumes crus. Fidèle aux instructions, il m'arrive néanmoins de commettre quelques écarts pour la nourriture. Le danger me semble s'éloigner chaque jour. Et puis, j'ai besoin de vivre !

Enfin, Éric me reçoit. Il examine les résultats de ma prise de sang. Ma santé s'améliore. Les résultats confirment que je suis sur la bonne voie. Impeccable ! Alors, je ne me retiens pas plus longtemps de lui raconter mes exploits en bicyclette. Les yeux exorbités, il écoute le récit de ma dernière tocade.

— Tu es folle, lance-t-il d'un ton où percent des sentiments mêlés d'étonnement, et une certaine taquinerie.

Il connaît mon caractère.

— Oui, folle à lier, répète-t-il songeur.

— Je sais et j'en suis fière. Compte sur moi pour entretenir ce grain de folie. La folie, la bonne folie, c'est la vie !

Je n'ose pas lui dire mes autres idées, les aventures que je mûris.

Je repars à la maison. Épuisée par cette visite, je profite de la tranquillité de ce début d'après-midi pour dormir. Qu'il est bon de dormir et de se reposer. De prendre le temps de vivre et de profiter.

En milieu d'après-midi, je pars pour le supermarché. Comme à chaque sortie, je m'enduis d'une tartine de crème solaire. Les irradiations ont rendu ma peau très vulnérable au soleil et je dois la protéger. Le parfum de la crème solaire m'emporte sur les pistes de ski. Tout schuss, je dévale avec plaisir et bonheur la poudreuse. Puis, je pique-nique, assise sur un rocher, face au doux soleil d'hiver. Les fesses sur un plastique, je sens percer l'humidité. Et non ! Je ne me promène pas dans la neige mais dans les rues de Bruxelles. Ma tête toujours chauve, couverte d'un bonnet pour ne pas attraper froid : je n'ai rien d'autre pour ressembler à une skieuse.

Comme à chaque fois, dans un magasin, je me découvre la tête. Et je m'amuse notamment dans les rayons de surgelés, de fromages et autres produits frais. Le froid caresse ma tête. J'ai été tellement privée de ces sensations dans ma chambre où la température était régulée en permanence.

Depuis le départ de Frédéric, je me débrouille seule. Et mon corps me révèle des ressources d'énergie insoupçonnées. À ma grande joie, je tiens le choc entre les commandes, le rattrapage des cours que je recopie, et la reprise de l'exercice physique. À présent, je parcours quelques bouts du quartier à vélo. Rien de mieux que cet engin pour retrouver mes capacités respiratoires. Bientôt, je ne me limiterai plus à mon quartier mais je me déplacerai dans tout Bruxelles, au printemps sûrement !

Ce matin, éveillée depuis six heures, la tête dans l'oreiller, j'étudie le ciel encore noir où s'esquissent des lueurs orangées, effilées, sorte de pelage de tigre céleste. J'essaie de repérer des étoiles et quelques constellations. Orion, la Grande Ourse, les Pléiades… et je profite de me retrouver seule. Vivre à mon rythme, comme je l'entends, me fait du bien. J'ai besoin de retrouver mon équilibre comme Frédéric le sien. Il est parti pour trois semaines dans sa ville favorite. Tant mieux.

Dans notre lit, je songe à toutes les frustrations qu'engendre ma leucémie. Notre tendresse est mise à rude épreuve. Toutes mes muqueuses ont été brûlées et restent encore desséchées. Dans ces conditions, faire l'amour est un supplice, à moins de devenir masochiste. Le plaisir se transformerait alors en torture. Déjà, les caresses les plus bénignes donnent à mes muqueuses hypersensibles l'impression d'être frottées par une corde de chanvre ou un gant de crin. Ces sensations pénibles et douloureuses ne correspondent pas au plaisir que l'on peut espérer retirer d'une sexualité vécue normalement.

Déjà privée de relations sexuelles lors de mes divers séjours en chambre stérile, je ne peux toujours pas partager ces moments complices alors que je suis dehors. Nous sommes un couple, nous nous aimons et voulons nous le manifester. Pourtant, c'est tout simplement impossible. Je suis exaspérée de frustrer Frédéric, de me frustrer aussi mais je n'associerai jamais la tendresse à une torture physique. Alors, nous souffrons moralement tous les deux.

Voilà certainement pourquoi la solitude me conforte et me laisse respirer. Peut-être irai-je mieux à son retour ! Et, je dois l'avouer, faire l'amour avec des préservatifs est la condition *sine qua non* pour me protéger face aux éventuelles infections. L'autre jour, à la pharmacie, je me suis sentie ridicule en commandant mes médicaments et une boîte de 200 préservatifs. Tant qu'à faire...

Pourtant, voilà bien ma vie d'aujourd'hui, ses contraintes et ses déboires. D'ailleurs, puisque je ne peux échapper à cette situation, je pousse le bouchon un peu plus loin : je vais demander à Éric, que je veux rendre un peu complice, de me prescrire ces capotes de latex. Peut-être me remboursera-t-on ? Voilà une excellente manière de tester les limites du système !

De ces questions de sexualité, je ne parle jamais avec mes proches. Question d'intimité. Seul, Éric, en sa qualité de médecin, est devenu mon confident. J'évoque le sujet comme un problème mathématique pour lequel je pressens qu'aucune solution n'existe vraiment. Je le sais compréhensif et à l'écoute mais il avoue son impuissance à m'aider. À part me conseiller l'utilisation de lubrifiant en guise de palliatif, il n'a rien d'autre à me suggérer qu'à me montrer patiente.

La question de la sexualité reste taboue dans les cas de leucémie. Personne n'en parle, comme si le sujet disparaissait de notre vie dès l'entrée à l'hôpital. Je ne m'attendais certes pas à toutes les conséquences de la leucémie, mais celle-ci est de taille. Pour le moment, je ne peux que rêver à la douceur de deux corps enlacés, épuisés par le plaisir donné et reçu. Bientôt, cela deviendra ma réalité.

Cette réalité à multiples facettes rime aussi avec monnaie. Je me débats actuellement avec le remboursement du billet d'avion de Ségolène. Lui rembourser la totalité du billet sur mes propres deniers était une évidence pour moi. Mais maintenant, je tente de me faire rembourser à mon tour ce fameux montant par un comité de soutien. Par ailleurs, le dossier complété pour le ministère des Affaires sociales a été accepté. Mon état de santé justifiant les cases cochées, je suis effectivement reconnue temporairement handicapée et je perçois de la sorte une allocation de remplacement de revenu.

Je ne peux dire combien ma reconnaissance est grande envers l'assistante sociale qui m'a tant aidée et dont l'efficacité est remarquable. Elle connaît tous les arcanes des services sociaux. Méthodiquement elle épuise toutes les voies existantes. Certes, l'argent n'est pas essentiel à la vie, pourtant j'en ai besoin comme tout le monde pour vivre. L'argent n'achète pas le bonheur ou la santé, c'est entendu et même très convenu ! Mais recommencer sa vie sans être endettée donne un peu plus de légèreté et illumine le paysage. Je ne cesse pourtant de m'interroger au sortir de ma leucémie. Si l'argent est le pétrole de notre économie, il se situe dans un monde si loin de la réalité qui m'a sauvée : le don. Le don gratuit, le don sans compter, le don sans attendre de retour. Donner pour l'autre, pour qu'il vive. La vie ne se monnaie pas, elle ne s'achète pas. Une mère qui accouche donne la vie. Pour moi, une équipe entière a été au-delà du simple engagement professionnel pour prolonger ma vie.

Cette renaissance m'a transformée en profondeur. Désormais, je vais vivre ce que je sens au fond de moi. J'ai définitivement quitté les contraintes du système, je m'en affranchis par tous les chemins de traverse possibles. Le regard d'autrui, les règles coercitives, la morale étriquée ou pudibonde sont des pesanteurs que j'abandonne bien volontiers. Désormais, j'écoute mon corps et mon cœur pour me laisser vivre. J'ai appris à redécouvrir mon instinct et je ne le quitte plus. Je veux vivre en étant à l'écoute de mes projets, de mes envies, de mes désirs. Oui, je m'accroche à ceux-là, même s'ils atteignent un niveau démentiel. Peut-être est-ce ainsi que je découvre une certaine forme de plénitude !

Écouter l'être que nous sommes vraiment et nous accepter me semble avoir été véritablement capital tout au long de mes trois périodes d'hospitalisation. Alors, pourquoi ne pas continuer dans ce chemin ? Être soi-même, sans fard, sans chercher à ressembler à un idéal, me paraît le chemin le plus authentique. Je ne voudrais pas ressembler à une humanité où nous vivrions tous comme des éphémères au cycle de vie tristement cynique : « Naître, pondre et mourir. » Combien de nos semblables vivent ainsi selon un mode de survie ? Ils naissent et grandissent, ils aiment, ils travaillent, souffrent parfois un peu, s'en remettent au temps qui passe. Certains courent pour aller plus vite, d'autres marchent, ayant abandonné la course. Et la vie passe. Puis tout s'arrête. Et ils n'ont rien vu : ni le vieux chat qui dormait sous le soleil printanier, allongé sur le banc, ni le sourire édenté d'un gamin de 7 ans, ni les couleurs du couchant…

Je crois que mes six mois d'enfermement à l'hôpital ont exacerbé une sensibilité déjà vive. Nous devons vivre chaque heure, chaque minute. Nous devons accueillir les joies et les peines avec le même regard pour rester digne de notre humanité. Kipling ne disait-il pas remarquablement : « Si tu peux accueillir triomphe après défaite et recevoir ces deux menteurs d'un même front, tu seras un homme, mon fils » ? Quelles épreuves nous faut-il traverser pour comprendre ces simples mots ?

Mes trois semaines de « célibataire » passent à une vitesse astronomique. Le travail, les cours, les amis qui passent me comblent. Je m'aventure à vélo chaque jour un peu plus loin et je me prends à rêver de Bruxelles comme d'une ville sans voitures : juste des vélos et des fiacres… C'est plus écologique.

Frédéric rentre demain de San Francisco. J'ai hâte d'entendre le récit de son voyage et de ses trois semaines de découvertes renouvelées de la ville. J'ai découvert cette ville il y a quelques années et, avec peine, je me remémore vaguement quelques lieux sous forme de couleurs fugitives, de parfums et d'émotions. Je rêve du jour où nous partirons ensemble, comme nous le souhaitons ardemment.

Chaque chose en son temps ! Pour le moment, je commence à peine à revivre.

Tout va pour le mieux et s'améliore en douceur mais aujourd'hui un doute atroce m'étreint. À nouveau, je ne comprends pas les émotions qui m'assaillent. Mon appétit n'est pas au rendez-vous et, quand je me force, mon estomac ne digère pas. Je laisse passer ce mal et tente à nouveau de dîner... Rien n'y fait, je ne garde pas ce que je mange. Que m'arrive-t-il ? Les rechutes sont-elles possibles ? Tout allait si bien, sans entorse à la règle. Je suis contrariée par ces constats dont je ferai part au médecin si je ne parviens pas à manger de petit-déjeuner demain matin. Pour me distraire, je regarde le film du soir, suivi d'une émission dont le sujet est le don. Plus que concernée par le sujet, je suis curieuse d'entendre les invités s'exprimer sur cette question qui me touche et m'émeut. Loin d'être blasée, je me dis que j'ai sûrement des choses à apprendre !

L'intervention de deux sœurs m'interpelle. Elles évoquent une greffe de moelle et le sentiment éprouvé par la receveuse d'avoir pris beaucoup de sa sœur. Elle perçoit des changements en elle qui lui font penser à sa sœur, la donneuse. N'est-ce pas purement subjectif ? Pourtant, ce cas identique au mien m'interroge. Je dois avouer que je ne me sens pas devenir Ségolène... Peut-être mes cheveux vont-ils repousser bouclés ? Mais non ! Je m'amuse.

Par contre, la receveuse témoigne aussi du changement de son groupe sanguin pour celui de sa sœur à la suite de sa greffe. Pour moi, qu'en est-il ? Voilà une question nouvelle. Peut-être aussi ai-je changé de groupe ? Ce serait amusant. Je note cette réflexion sur mon pense-bête pour la prochaine consultation. J'ai tant de questions qui me passent par la tête que, si je n'écris pas, tout s'envole et j'oublie.

Déçue par mon estomac qui n'ingère plus aucune nourriture, je me résigne à téléphoner à l'hôpital. Je téléphone avec le numéro direct au secrétariat d'hématologie. On me transfère au professeur Zenatience, heureusement disponible. Il me conseille de venir dès que possible pour être perfusée. Mon corps a besoin d'un minimum d'énergie.

À mon arrivée à l'hôpital, les infirmières m'installent dans une chambre. Me retrouver dans ce service est de l'ordre de l'habitude mais réintégrer un lit me rappelle indéniablement mon admission en juillet. Je repense à mon insouciance totale où, comme un jeu de pile ou face, j'ai choisi la leucémie plutôt que l'avitaminose. Margo arrive et me pique pour la transfusion. Je reçois glucides, lipides et protides pendant une heure et demie. Un plateau repas m'est tout de même proposé mais rien à faire, je n'y touche pas. C'est vraiment étrange, je ne contrôle plus rien du tout. Mon estomac fait des siennes et je ne peux qu'acquiescer. À la visite du professeur, je lui fais part de ma réflexion d'hier suite à l'émission. Il me dit qu'en effet, il est possible que j'aie changé de groupe sanguin et que, pour en être certain, il faut le vérifier par une prise de sang. Il la demande aux infirmières, qui pourront effectuer un prélèvement sans peine puisque je suis déjà piquée. Par ailleurs, tant que je ne mange pas correctement, il exige de me voir ici tous les deux jours et, d'office, après-demain.

J'accepte sans avoir vraiment d'autre choix. Que m'arrive-t-il ? Quels sont ces nouveaux caprices ? Le professeur part visiter d'autres patients.

Enfin libre, je rentre à la maison avant de partir en direction de l'aéroport retrouver Frédéric. Je me ménage une courte sieste avant les joyeuses retrouvailles. Frédéric est bronzé et reposé. Il a des traits moins marqués et me parle de toutes les nouveautés informatiques qu'il a découvertes. Son sac s'est métamorphosé en antre à gadgets de l'oncle Sam. À la maison, il déballe un à un ces précieux objets et me raconte l'histoire et les circonstances de l'achat. À l'entendre me raconter son séjour, c'est comme si un bout de moi était parti avec lui. Le temps passe à toute vitesse et nous allons, comme pour le réveillon, jusqu'au traiteur chinois pour le dîner. À mon tour de lui donner les nouvelles : je commence par le travail effectué pour les restaurants. Il me félicite chaudement d'avoir réussi à tenir le rythme malgré son absence. Pour le reste, il connaît un peu ma vie actuelle et je lui annonce seulement que je ne suis pas sûre de l'accompagner pour le dîner. Il accuse le coup. Je piquerai un peu dans son assiette sans plus. Avide d'histoires, je l'écoute me parler de la baie, du *Mamas and Papas*, du restaurant le *Buena Vista* aux merveilleux *pancakes* et de mille et un autres lieux. Je m'endors à San Francisco ce soir-là.

Frédéric est bel et bien de retour. Il reprend ses marques et me met un foutoir pas possible. Je le bannis sévèrement et le renvoie dans le bureau. Je passe mes journées entières dans notre chambre qui fait office de pièce à vivre, je veux pouvoir respirer. Aujourd'hui, je le laisse reprendre son travail pour les restaurants. Je peux enfin me consacrer à mes cours à plein temps. J'ai déjà beaucoup éclairci les matières à présenter lors des examens. Par ailleurs, je poursuis la récupération de tous les cours. Mais je ne me défais pas de mes difficultés de mémorisation. J'ai beau lire les photocopies des autres, je ne retiens rien ou si peu que je réécris tout. Page après page, je noircis des centaines de feuillets. Travail fou. Travail de fourmi. Je souffre des doigts, mon poignet s'enflamme. Je n'ai trouvé que cette solution pour tenter de retenir quelques connaissances. Mais j'ai tant de difficultés que, parfois, je suis à la limite de désespérer. Des questions me hantent. Pourquoi me suis-je remis à la podologie ? N'était-ce pas prématuré de reprendre des études aussi vite ? Aussitôt, je sabre le doute. Puisque je suis inscrite, je ne battrai pas en retraite ! Et puis ce sera une corde de plus à mon arc. Cette première journée purement cérébrale m'épuise d'autant plus que je n'arrive toujours pas à manger ou très peu. Épuisée, je tombe de sommeil et je m'endors pendant que Frédéric bouquine à côté de moi.

Ce matin, de bonne heure, je file à l'hôpital faire mon plein de carburant ! Chaque fois que je vais à Saint-Luc, je me réjouis de n'habiter qu'à une quinzaine de minutes. Fidèle à mes habitudes, je profite de ce surcroît de visites obligées pour saluer mes amis de l'hôpital : les travailleurs comme les patients.

À mon tour, je reprends place sur le lit où les infirmières commencent par une prise de sang afin de combiner la consultation. Après une heure trente, je file dans la salle d'attente où Éric m'appelle. Il espère que mon souci de nourriture ne durera pas et m'encourage tout de même à manger un peu. Il est certain qu'avec la perfusion reçue je n'ai pas très faim mais je dois persévérer.

À l'exception de mes soucis alimentaires, Éric m'annonce en outre que mon hypothèse de changement de groupe sanguin se confirme. Me voilà passé de O - à O +, le groupe de ma sœur. Ce changement est en réalité assez logique, car j'ai reçu ses cellules souches. Or, ces dernières donnent naissance à toutes mes cellules sanguines. Je m'émerveille de cette nouvelle découverte.

Dix jours de perfusion vont m'être nécessaires avant de recouvrer complètement mon appétit.

Désormais, mes visites se feront une fois par semaine. Je rêve du jour où je n'aurai plus aucune visite. Enfin, plus de visites contraignantes. Le jour où la vie sera redevenue « normale ».

11

Adieu, mémoire de flétan

Février 2000. Bruxelles.

Horreur ! Je suis en train de me réincarner en mouton néo-zélandais, voire pire. En plus, je ne peux rien y changer. Mes cheveux repoussent bouclés. Face au miroir, je ne reste pas longtemps, car je trouve cette chevelure trop moche. Si je reste quelques instants tout de même, c'est pour me regarder faire le clown. Une question me taraude : est-ce le traitement subi ou bien la greffe des cellules de Ségolène qui provoque cette allure très chic ? Bonne question. Incapable de supporter plus longtemps la pousse de ces frisottis que je tolérais jusqu'à présent, je dénigre la version Jackson Five. Je la cache sous mes casquettes ou sous mes bandanas version sportive, façon US. D'ailleurs, je vais bientôt être dans le vif du sujet ! Je prépare mon nouveau départ et surtout une surprise qui m'excite.

Ce soir, j'ai la chance de revoir Jehan. Mon deuxième visiteur nocturne de l'hôpital. Il a le don charmant des surprises. Loin des sujets philosophiques débattus au cours de longues nuits dans des fauteuils en cuir, c'est allongé sur la couette qu'il me pose une question inédite.

— Quelle aurait été ta réaction si, à l'annonce de ta maladie, les médecins t'avaient donné encore une année à vivre ?

— Tiens, très bonne question ! Voilà bien la première fois qu'on me la pose.

Je « rumine » un instant cette interrogation.

— Tout simplement, j'aurais été rendre visite à ceux que j'aime puis je serais partie voyager.

Au fond, j'aurais continué à vivre comme j'aime vivre ma vie. Réaliser ce qui me plaît, même si j'ai un délai d'un an. Je suis heureuse aujourd'hui, alors pourquoi changer les choses ? Je resterais passionnée par le sens du voyage et par la vie, tout simplement. Je serais peut-être allée admirer les formes du Sahara, discuter au tabac du coin avec un buveur de bières, embrasser ma famille au Chili en allant dire bonjour à la Patagonie, puis me baigner dans le Gange sacré et encore beaucoup d'autres choses. Tant que je suis heureuse, voilà tout ce qui m'importe.

— T'es pas croyable, tu sais que t'es vraiment une sacrée nana !

Alors que Jehan reste un instant silencieux, je réfléchis.

— La mort, dis-je encore tout bas.

Le sujet tourne dans ma tête, j'y cherche un tiroir où il se serait caché. En vain. La mort, je n'y ai jamais songé pendant mon séjour à l'hôpital. Je n'ai nullement imaginé mourir des suites de ma leucémie. À croire que je suis inconsciente ou plutôt stupide.

— Tu sais, pour moi, je rentrais en clinique pour six mois avant de poursuivre mon sentier de vie. C'est tout ! Légère pause.

Surprise toute de même par l'immensité du précipice entre la réalité des faits et ma simplicité de réflexion, ignorante, j'apprécie ma chance. Je fais partie de ceux qui peuvent continuer leur bout de chemin. Merci !

— C'est tout, répète Jehan en écho, songeur.

— D'une certaine façon, oui. J'ai agi sans réfléchir, j'ai écouté mon instinct et j'ai survécu. Si je peux parler de survie, bien entendu. Ma personnalité s'est révélée d'elle-même et a contribué à mon rétablissement mais surtout, la médecine a beaucoup progressé. Depuis 20-25 ans, la recherche a fait de grands bonds dans ce domaine et sans ces avancées, ma vie se serait peut-être arrêtée en 1999. Dommage, mais mon destin n'était pas celui-ci.

Nous enchaînons sans relâche sur l'inépuisable sujet de la mort. Beaucoup associent la mort à la souffrance. Ils craignent les douleurs physiques, la solitude, la possibilité d'être pris de court sans être en paix... Pourtant, de mon point de vue, la mort est un passage de la vie, l'aboutissement d'un cycle qui ne m'effraie pas. Quand on arrive au terme du chemin, l'âme a grandi tandis que le corps termine son voyage.

En réalité, la mort est surtout difficile à accepter pour ceux qui restent. La relation avec l'être aimé n'existera plus jamais comme avant. C'est un arrêt définitif. La déchirure radicale ne souffre aucune consolation. Toutefois, cet être cher continue d'exister parmi nous par son savoir, ses habitudes, ses objets transmis... Le plus difficile est d'accepter la perte d'un proche de manière brutale, inattendue et qui, de surcroît, est trop jeune. Mais, quoiqu'il en soit, nous nous habituerons à vivre avec l'absence. Vivre en nous adaptant.

Et puis, je fais part à Jehan de ma conviction la plus profonde : notre vie ne prend de prix et de valeur qu'au vu des souffrances qui la traversent et aussi de son échéance. Nous ne pouvons pas connaître le bonheur sans vivre de coups durs ni savoir que notre vie sur terre a une fin. Nous ne sommes pas éternels... Chaque être humain a son parcours, son chemin, mais nul ne sait ni le jour ni l'heure. Si nous menons notre vie et restons en accord avec nos besoins, nos convictions, nous sommes en paix. Alors pourquoi craindre de mourir ? Mort et vie s'enchaînent depuis des millions d'années. La mort est un moment triste pour nos cultures mais d'autres fêtent cet événement ! Prendre conscience que la vie est courte, qu'il n'est pas toujours possible d'avoir un sursis doit nous encourager à vivre chaque heure, chaque minute, chaque seconde intensément. Nous devons vivre en accord avec nous-même pour trouver notre bonheur.

Non, nous ne sommes pas éternels. De toute façon, nos corps ne sont que matière mais nos idées, nos émotions, nos âmes, elles, vivent éternellement. Jehan profite de l'obscurité pour détourner son regard vers l'étoile polaire et partager ses pensées avec la Voie lactée. Je le devine touché.

Aussi, je continue en tirant silencieusement leçon de mon expérience.

— Vivre le moment présent doit être ta règle d'or. Ce n'est pas une leçon, mais un cadeau sans prix offert par six mois d'aquarium. Nul ne sait jamais de quoi est fait demain. Écoute l'expérience des Anciens et retiens la saveur du *carpe diem*...

Jehan me regarde à nouveau avec des yeux inquisiteurs.

— Tu n'as pas faim ?

— Oh ! que si ! Des crêpes, ça te va ?

Carpe diem... J'imagine le chocolat fondant sur la dixième crêpe et la peau de nos ventres toute tendue. Oui, il faut profiter de chaque seconde. Je file à la cuisine.

Devant les fourneaux, achevant de préparer la pâte à crêpe, je m'interroge encore sur ces questions de vie et de mort. Quelles furent les pensées de mes parents, frères et sœurs ? Y avaient-ils songé ou, comme pour moi, la mort est-elle passée inaperçue ? Percevaient-ils dès le départ la dangerosité de la leucémie et le risque encouru ? Bizarre ! Je note ce point dans un coin de ma mémoire. Enquêtrice à mes heures, j'irai cueillir les paroles de chacun pour remplir les cases de réponses aujourd'hui manquantes. Les crêpes fument sur une assiette, alors que je note ce détail sur mon pense-bête.

Cette nuit, je dors bien. Pourtant, dès six heures du matin, mon œil ne se referme plus. Sur le réveil, je suis les minutes qui défilent. Malgré deux ou trois tentatives, je ne parviens pas à me rendormir. Plutôt que de me tourner et de me retourner en tous sens, je m'habille rapidement en toute discrétion et puis, je prends la voiture. Je file dans la nuit entrouverte par les pinceaux lumineux des phares. Une petite idée trotte dans ma tête. J'aime être surprise, alors je fais aux autres ce que je voudrais que l'on me fasse ! En cette heure matinale, personne ne m'attend. Ça va être amusant ! Dans quinze minutes, je serai sur les lieux du forfait ! Et je ferai une apparition totalement inattendue. 6 h 30, je me gare sans difficulté non loin de l'entrée de Saint-Luc. J'entre par le grand hall déjà ouvert, qui a un « look » différent de si bon matin. Je grimpe dans l'ascenseur et me régale à l'idée de saluer celle qui sera présente. De surcroît, je tombe pile à l'horaire du changement d'équipe, ce qui me permet de voir en plus l'équipe du matin. Shivra achève sa permanence nocturne. Un peu inquiète de me voir paraître en cette heure matinale, elle vient me trouver en se hâtant puis, rapidement rassurée que tout aille bien, elle se montre ravie de me voir. Nous discutons un peu, avant que je la laisse terminer ses devoirs auprès des patients. J'entame le guet dans le couloir et comme une sentinelle j'observe infirmiers, aides-soignants, techniciennes de surface qui arrivent à la queue leu leu. Tous sont surpris et heureux de me voir. Ma présence les enchante. Nous bavardons gaiement avant qu'ils partent se transformer en Martiens tout verts. Peut-être certains patients les attendent-ils déjà ? Je file alors au niveau -1 pour ma consultation.

Encore aujourd'hui, je vais voir Éric, le médecin « aux yeux bleus » – pour reprendre la charmante et inoubliable description d'Olympia. Il est mon référent depuis le départ. J'apprécie ce suivi au long cours, gage d'une véritable coopération. Ainsi, lors de chaque contrôle nous allons droit au but. Pas la peine de reprendre tous les antécédents. Nous luttons côte à côte, lui comme *coach*, moi comme athlète !

Ma prise de sang effectuée, Éric me fait entrer dans la cabine où nous avons un peu de temps pour discuter. Par chance, d'aussi bon matin, ses patients n'affluent pas encore. Toujours à l'aide de mon pense-bête, je reprends les questions qui me trottent en tête.

— La mort. Hier soir, avec un ami, j'ai eu une sacrée discussion sur la mort. Et je me suis surprise à ne l'avoir jamais envisagée comme suite de la leucémie. Ça ne m'a même pas effleuré l'esprit, pas un seul instant !

— Tu sais, Laetitia, ton caractère battant et ta joie de vivre t'ont considérablement aidée. Peut-être la chance se nourrit-elle de ce genre d'oublis.

« Nous pouvons faire des pronostics mais aucune règle mathématique ne nous dit qui vivra ou pas. Personne n'est maître du jeu. Certains meurent, d'autres vivent. Nous ne pouvons rien prévoir, seulement tout mettre en œuvre pour guérir. Chaque jour qui passe permet à la médecine de progresser... Mais rien n'est écrit d'avance. »

— Je comprends bien, mais quelle est la proportion de guérisons face aux décès ?

— Répondre à cette question ne serait que te donner une idée générale approximative. Il y a tant de facteurs qui entrent en cause...

Il n'a même pas fini que je le coupe net :

— Alors, par rapport à mon cas ?

— Pour une leucémie myéloïde aiguë, avec ton caryotype et ton âge, je dirais que la chance de guérir est de quatre sur dix.

— Waouh ! quatre chances de vivre contre six d'y rester. C'est énorme comme écart !

Et dire que je n'ai jamais songé à la mort. Devant mon étonnement – je dois me taire depuis dix secondes –, Éric me regarde puis renchérit :

— Eh oui ! madame ! Vous avez été bien lotie. Comme médecin, nous mettons tout en œuvre mais n'avons pas un pouvoir absolu ni exclusif sur la vie.

L'auscultation commence. Je médite sur cette maladie qu'est la leucémie, comparable à une roulette russe. Elle a un droit de vie ou de mort sur vous. La roulette russe, j'en ai pris conscience au cours de la maladie, ça vous tombe sur le coin du nez sans crier gare. Quatre chances sur dix de vivre, c'est moins de la moitié. C'est tout de même pas énorme, proportionnellement. En fait, j'aurais pu mourir ! Je médite d'autant mieux mon bonheur de cette renaissance du 25 décembre. Je ne suis pas guérie mais pourtant je ne ressens que la guérison. Dans ma tête et au fond de mes tripes, cette leucémie, je l'ai laissée dernière moi, en ce jour de Noël 1999. Chaque seconde se dilate. Je découvre des bonheurs comme se dévoilent les subtilités d'un paysage dans la brume au lever du soleil. J'ai tout en moi mais je ne le percevais pas aussi puissamment. Aujourd'hui, mon corps veut crier haut et fort qu'il veut vivre. Vivre intensément. Vivre ses envies, ses besoins encore mieux qu'auparavant. Comme au matin d'un jour nouveau, je comprends mieux cette chance à chaque instant, ce don même.

Éric me fixe du regard avec bonté, satisfait de voir la vie qui m'anime. Son verdict est simple : je peux espacer mes visites de contrôle. Plus besoin de se voir toutes les semaines mais seulement tous les quinze jours. Mon petit accroc de nourriture désormais oublié n'est pas le signe d'une rechute.

Mes sentiments sont partagés entre la liberté que je gagne et l'espacement des visites au cours desquelles j'apprécie les retrouvailles. Pourtant, j'ai beau m'éloigner de l'hôpital, tous ceux qui étaient auprès de moi, je les porte et les garde dans mon cœur.

Ce 25 février confirme que je suis bien sur la bonne voie. D'ailleurs, je suis même précoce, alors… La bonne voie c'est sûr, mais pour la guérison il y a encore du chemin à parcourir. Pour ma part, j'apparente le thème de la guérison à mon rapport actuel à la mort. Désormais, j'ai conscience que cela existe mais n'y songe pas. Je n'évoque pas ce terme et vis au présent. Je suis sortie de mes six mois, ai laissé la maladie et dorénavant mon corps continue sa reconstruction. Une rechute, un rejet de greffe ne sont pas des suites que j'imagine. Ce n'est pas que je veuille les ignorer mais ils ne font pas partie de mon horizon et encore moins de mes objectifs. Maintenant que je suis en dehors de mon aquarium, j'en profite pour me prendre… la tête ! L'étude de mes cours et leur intégration réelle me demande une énergie folle. Certes, je muscle mes neurones mais à quel prix !

Je tombe souvent de fatigue devant ces maudites pages d'écriture. J'enchaîne sieste sur sieste pour récupérer si entre-temps je n'ai pas piqué du nez. Jamais je n'ai éprouvé un tel besoin de dormir et de telles difficultés au cours de mon apprentissage supérieur. C'est sûrement mon séjour prolongé dans mon enceinte de verre qui a encrassé mes cellules grises ; néanmoins, de là à me fatiguer physiquement, je reste sceptique face à mon puissant flegme étudiant. Je ne viens pas d'enchaîner dix marathons de suite, tout de même ! Côté sportif, je me porte de mieux en mieux : à bicyclette, je vais de plus en plus loin. Je ne me limite plus du tout au pâté de maison. Maintenant je file de découvertes en découvertes, dans la ville et surtout, je rallie tous les lieux administratifs où je dois remettre des dossiers. À vélo, je pédale et chaque coup de pédale me procure un intense plaisir même s'il devient parfois difficile d'avancer. Je lutte un peu mais pas trop pour ne pas m'épuiser. Il me faut trouver la juste mesure dans l'effort à fournir sans demander l'impossible à mon corps fragile.

Cependant, mes limites et un souffle trop court à mon goût ne m'empêchent pas de faire des « petits » exploits. Un ami me prête une paire de rollers et nous voilà partis. Je n'ai jamais fait de *roller blade* mais j'essaie. Je tiens sur ces roulettes comme un faon qui découvre ses pattes frêles. Rouler est facile mais m'arrêter relève d'une autre paire de manches. Équipée de toutes les protections, je m'accroche aux poteaux qui constituent mes points de repos. Nous nous promenons pendant une demi-heure. Au menu : éclats de rire et nombreuses arabesques rocambolesques. Je suis une vieille habituée des patins à roulettes à quatre roues mais pas des roues en ligne. Ce n'est pas la même pratique et je le réalise vite. Mon attitude incertaine ne déjoue pas le bonheur de cet après-midi ensoleillé. Dire que je devrais être en train de réviser mes cours… Le plus important n'est-il pas de renaître à la vie du corps avant de m'occuper de la vie de l'esprit ?

Vie… Profiter de la vie… Tel est mon *leitmotiv*. Cette vie, j'ai enfin la confirmation absolue que je ne pourrai pas la donner ou la transmettre avec mes propres gènes. En tout cas, pour le moment ! La suite est un point d'interrogation. Fin janvier, un mois après ma sortie définitive, j'avais rendez-vous avec la gynécologue pour parfaire le plan d'action de sauvegarde de ma fécondité... encore une aventure avec des rebondissements insolites.

Mise devant le fait accompli de ma stérilité, j'écoute sagement la gynécologue. Elle m'explique la nécessité de prendre des compléments hormonaux. Le but est simple, lutter contre les effets de la ménopause, dont l'ostéoporose, et conserver un fonctionnement de mon utérus et de mon vagin. Pour cette raison, elle me donne un an de prescriptions de petites pilules magiques. Ce complément m'apportera les oestrogènes nécessaires qui assureront de manière artificielle le bon fonctionnement du système. « C'est assez facile, me dit-elle : chaque jour une prise, sans jamais de répit entre les plaquettes. Vingt-huit pilules par boîte et dès qu'une boîte est finie, tu en recommences une autre. Tu devras juste y penser. »

Je réalise que je commence ce traitement pour un long moment, voire *ad vitam aeternam*. Par ailleurs, elle m'invite à revenir la semaine suivante faire une prise de sang par laquelle elle vérifiera mon taux d'hormones, ce qui lui permettra d'affirmer ou d'infirmer ma stérilité, séquelle de l'irradiation. Affirmatif pour tous les patients ayant subi des radiations similaires à 100% ; cependant, mieux vaut vérifier. Serais-je une miraculée à la force mentale herculéenne ?

Sortie du rendez-vous, je file à la pharmacie. Je mériterais une carte de fidélité, tant j'y passe régulièrement. Les médicaments ne sont pas encore manne quotidienne, quoique leur prise journalière pourrait le laisser sous-entendre. Mais au vu des ordonnances, je crois que le pharmacien n'a aucun doute sur ma qualité de malade ! De retour chez moi, je découvre mon nouveau médicament comme un gosse ses cadeaux, au matin de Noël. Je regarde la boîte, je l'inspecte, puis l'ouvre. J'en retire la notice, je la parcours et énumère le joyeux topo de tous les effets secondaires. Une fois de plus, je n'ai pas rendez-vous avec la gloire mais plutôt avec un risque potentiel de cancer du sein. Comme si la leucémie ne suffisait pas ! Je laisse cette question pour la semaine prochaine. Le système de gestion des pilules m'amuse davantage. Chaque jour, je décale d'un cran le couvercle, et la pilule tombe. Simple et pratique pour voyager ! Je commence ce soir et, comme indiqué, je conserverai le soir pour le moment de la prise. J'imagine ces pilules un peu chauvines et surtout très franco-françaises avec leurs trois phases représentées en couleurs successives bleu, blanc et rouge.

Une semaine plus tard, comme convenu avec la gynécologue, je reviens pour la prise de sang combinée avec ma consultation d'hématologie. À quoi bon me piquer pour me piquer ? J'ai beau être résistante, autant ne pas exagérer. Mon bras droit supporte les piqûres sans peine depuis le début. Pourtant, il commence à ressembler à une passoire ou à un pansement microperforé !

Quelques jours après, je reçois le courrier tant attendu. Brusquement, je n'y comprends plus rien. Les résultats de l'analyse de sang attestent que je ne suis pas stérile. Tout le monde m'avait pourtant prévenu que les rayons rendent totalement stérile. En tous les cas, ma défense mentale digne de la méthode de Luke Skywalker – avec mon sabre laser vert contre les forces du mal qui anéantiraient mon ovaire – a été efficace ou bien je suis une miraculée ! Je reste ébahie mais dubitative. Pas normale, cette information ! Trop contradictoire, elle me dérange. Tant mieux si je ne suis pas stérile, mais ça ne me va pas. Je ne peux pas envisager être le cas unique, le cas à part qui ait résisté au rayon. Je ne m'appelle pas Marie et je suis encore moins la Sainte Vierge. À moins que ? Je ne me savais pas aussi forte mentalement !

Après de longues interrogations, une révélation ! J'ai trouvé la faille du test, son erreur, même. Illico, j'appelle la gynécologue.

– Professeur ? Ici Laetitia van der Elst, je vous appelle parce que les résultats annoncés dans le courrier à propos de ma stérilité sont fort probablement incorrects.

– Pourquoi une telle hypothèse ?

— La prise de sang de la semaine dernière a été réalisée alors que j'avais déjà commencé le traitement que vous m'aviez prescrit. Or, les hormones trouvées sont celles des pilules et non les miennes. Hormones artificielles : résultats tronqués !

— Oui, tu as raison.

— Que dois-je faire ?

— Arrête dès aujourd'hui et attends trois semaines avant de refaire une nouvelle prise de sang.

Obéissant à la lettre aux instructions, j'acquiesce bien volontiers, tant je désire connaître la vérité sur ce sujet. Cette fois au moins, les résultats seront réalistes. Enfin, un mois plus tard, le deuxième courrier officiel arrive et me confirme ce qui devait arriver : je suis bel et bien stérile.

Je ne suis pas déçue outre mesure, j'y étais préparée. Le courrier n'aura été qu'une formalité. Et puis, on ne peut pas tout avoir dans la vie. Mon avantage dans une telle situation, c'est que je ne vivrai jamais le stress d'une femme qui redoute d'être enceinte par accident. Je peux prendre du plaisir sans me soucier de contraceptifs oubliés, préservatifs qui craquent… Tout ça au placard, et vive la fête ! C'est le pied ! Toutefois, je rabaisse mes ardeurs, ayant bien conscience de l'existence des maladies sexuellement transmissibles et de tout ce qui s'ensuit. Je n'ai pas envie de glisser sur ce terrain à risque.

Ce qui m'interroge bien plus, c'est le manque de rigueur dans la prescription. Pourquoi l'assistant ne m'a-t-il pas dit d'attendre la prise de sang avant de commencer le traitement prescrit par le professeur ? Je m'étonne de cette « déconnexion » entre les grandes connaissances des « pontes » de la médecine et les modalités pratiques... Imaginons l'inversion de cette erreur : je suis fertile et je l'ignore. Ah ! Je vois les conséquences d'un tel diagnostic : un bébé tout rose, vagissant dans mes bras....

Ma stérilité ! J'y pense et puis j'oublie. J'ai déjà assez médité cette question. De toute façon, l'essentiel à l'heure actuelle est que je vive. Ils ont sauvé mon corps, et c'est déjà un excellent résultat. Les enfants, ce n'est pas à l'ordre du jour, chaque chose en son temps. J'ai ma vie à construire, et tellement de choses à réaliser avant.

Pour l'heure, je n'ai pas encore l'autorisation de retourner sur les bancs de l'école mais cette échéance se rapproche. Aussi, je profite de mes pleines journées pour partir en vadrouille européenne et conduire quelques véhicules en transfert. J'aime bien bouger ; et puis, me dire qu'à midi j'ai goûté à Düsseldorf la gastronomie allemande, m'amuse beaucoup. Le déplacement dans l'espace est aussi une satisfaction qui me ravit. Je pars en quête des routes comme d'autres s'imaginent toucher l'horizon de leurs mains. Après quatre mois d'aquarium où j'ai navigué dans ma tête, je suis heureuse de retrouver le terrain.

Mes cours sont mis en ordre et je dois encore approfondir leur assimilation. Rien ne semble m'aider à vaincre mes difficultés. La matière la plus terrible pour le moment est la pharmacologie. Il s'agit de tout retenir par cœur pour avoir une bonne note à l'examen. Pas besoin de comprendre, juste restituer la chanson, oubliée dix minutes après le face-à-face de fin d'année. J'exècre cette méthode stupide qui me rend folle. La pharmacologie, ce n'est pas des tables de multiplication. Beurk !

Ce soir, je suis de sortie. Une amie fête sa pendaison de crémaillère. Tout le monde pourrait me croire « normale » à l'exception de ceux qui connaissent le parcours de ces derniers mois.

Je ne porte plus de masque et mes cheveux poussent toujours, de plus en plus. Réjouissance de mes amis, qui y voient un signe réel de guérison. Pour ma part, la joie est toute relative : mes cheveux ont beau pousser sans trous et de façon homogène, je suis une « Afro » terrible, et c'est affreux ! J'ai l'impression d'avoir une « moumoute » sur la tête quand je les regarde. Si encore chauve, je me permettais de sortir la tête découverte, désormais, c'est inconcevable. Je dois cacher cette horreur pour me sentir à l'aise. Heureusement, les accessoires me plaisent et me vont bien. Peut-être devrais-je aller maintenant trouver un perruquier ! Compatissants, mes amis ne se moquent pas un seul instant de moi. Je suis à la fois l'actrice et le sujet de ma dérision. Trop moche, c'est vraiment trop moche ; je réalise que certains ne sont pas gâtés par leur chevelure !

La soirée terminée, je rentre tard dans la nuit. Passant non loin de l'hôpital, je décide un arrêt et je monte. Dans la fraîcheur de la nuit sous une lune bienveillante, je passe par les urgences pour entrer dans la clinique. Seule dans cet univers endormi sur bien des souffrances et des espérances, je décide de monter à pied. Je me rends au cinquième étage et pénètre dans le couloir du 52. Il n'est éclairé que d'une faible lueur et tout le monde sommeille. Je marche tout droit en direction du bureau, dans mon clair-obscur j'aperçois deux infirmières en grande conversation. Je ne les distingue pas bien avec ma mauvaise vue. À cette distance, impossible de les reconnaître.

Je veux leur faire la surprise de ma présence à cette heure inattendue mais je suis la première victime de cette obscurité. Qui est là ? Quelle joie de tomber nez à nez avec Meuféda et Ester. Je ne les ai pas revues depuis bien longtemps. Elles ont toutes deux été des personnes importantes lors de mon passage au 52. Au service des patients, elles se donnent de tout leur cœur dans le travail. Agrémentant mon quotidien chacune dans son style, l'une de douceur, l'autre d'énergie, elles ont une place particulière dans mon cœur. Nous conversons agréablement.

Oui, elles savent que je suis passée tôt le matin. Et je repasse encore ce soir. Elles sont touchées. Je repars. Je rêve dans la nuit de n'oublier personne dans mes visites inopinées à l'hôpital. Pourrais-je un jour me défaire de ces pas qui me ramènent à Saint-Luc ? Je ne sais pas. Je n'y pense pas. Seule la reconnaissance compte dans mes démarches. L'hôpital, c'est un bout de ma vie, une parcelle de mon cœur, un lieu qui est devenu une maison.

Mi-mars, premier jour de cours. Inscrite depuis septembre en podologie, je n'ai pas encore vu tous les étudiants. Ils savent tous qui je suis mais je suis loin de les connaître. Lors de passages éclairs dans les bâtiments, j'en ai aperçu quelques-uns sans pour autant m'attarder car je n'avais pas le droit de rester entourée de trop de gens. Maintenant, les médecins estiment mes défenses suffisantes pour vivre « en public ».

Quand je retrouve Rachelle, nous reparlons de notre première rencontre où, découvrant mon crâne chauve qu'elle pensait être ma coupe du moment, elle s'est exclamée : « Waouh ! ça te va bien ! » Elle qui rêvait de se raser la tête sans en avoir encore eu le courage. Je lui raconte une fois de plus mon expérience de chauve et je l'encourage : « Fais-le, les cheveux ça repousse, de toute façon ! » Je m'étonne que nous reprenions une conversion entamée plusieurs mois auparavant sur un sujet qui paraîtrait délicat pour beaucoup. Cette simplicité de Rachelle est un régal.

Aujourd'hui, je viens pour deux heures seulement. Mon entrée est remarquée. Je me dépêche car la cloche sonne. Je monte en suivant la file et je m'installe non loin du tableau pour parvenir à lire et à me concentrer. Sans scrupule, je garde ma casquette sur la tête. Deux heures plus tard, je repars à la maison, à bicyclette bien entendu, et m'écroule pour une sieste. Je ne suis plus habituée à écouter et à prendre des notes à toute vitesse. Mon poignet est rouillé. Je suis épuisée !

Ainsi, au rythme de trois demi-journées par semaine, je reprends une vie d'étudiante à peu près normale. Pas plus car j'ai des dispenses pour le reste des cours qui sont communs avec ceux d'ergothérapie. Petit à petit, ma tête retrouve ses capacités oubliées et prépare les examens de juin. En dépit de mon immense fatigue, je me sens prête. En tout cas, j'ai fait de mon mieux et il faudra que cela suffise.

Une semaine d'examens. Comme tout un chacun en cette période, je passe devant les professeurs. J'espère qu'ils ne seront pas plus tolérants à mon égard qu'à celui des autres élèves. Je ne veux pas que ma maladie devienne un prétexte pour influencer ma réussite. Devenir un cas privilégié par pitié représente pour moi une injustice inacceptable. Tranquille, j'arrive avec sang-froid tout en ayant l'adrénaline qui monte et bouillonne. Je me présente avec mes connaissances que j'ai acquises à la force du poignet, je me concentre et retrouve pas trop mal mes capacités : pas pire qu'avant ni mieux !

Fin juin, j'ai la joie d'apprendre ma réussite. Je suis acceptée en deuxième année. Sur la lancée de l'ergothérapie, où je n'ai jamais eu de seconde session, je reste constante. Que la fête continue !

Au mois de février puis en avril ensuite, mes consultations se sont encore espacées. Je n'ai désormais plus qu'une visite mensuelle de contrôle. Par vengeance et sans pitié, je m'organise chaque fois pour qu'elle tombe pendant le cours de pharmacologie qui est terriblement pénible et dont je m'abstiens bien volontiers. Sécher les cours n'est pas dans mes habitudes ; cependant, avec une excuse bien pesée, je ne m'en prive pas et ma conscience reste tranquille. Ma santé s'améliore et mes bons résultats aux examens me laissent libre pour les vacances. Libre oui, sous conditions tout de même. Il me faut tristement oublier les voyages lointains et les découvertes de cultures diverses. Je suis un peu déçue car j'aurais bien pris la poudre d'escampette… au loin. Je dois rester en Europe pour les vacances d'été. Je vogue donc entre chez moi, chez mes parents où je me fais chouchouter à la fine cuisine, et le Sud-Ouest, chez les parents de Frédéric, où la montagne et la mer sont un vrai régal. Je baigne dans le repos total, contente de ces six premiers mois de l'année 2000. Loin d'être la fin du monde, c'est la renaissance. Ma seconde chance !

12

Nouveaux rêves, nouveaux océans

Septembre 2000. Bruxelles.
Décembre 2000. San Francisco.

Mes vacances ? Je n'en garde que le souvenir d'une comète lumineuse. Un instant éphémère. Tant de joies, tant de souvenirs et tant de bonheur à croquer à nouveau la vie à pleines dents, même sous conditions.

Septembre… Les feuilles commencent à jaunir. L'arrière-saison aurait presque les charmes de l'été indien. Ma rentrée approche à grands pas. Mon nouvel emploi du temps n'allège pas, comme je l'aurais espéré, mes journées. Je ne dispose que de deux demi-journées de libres par semaine. Pire, les cours commencent avant 10 heures la plupart du temps, et se terminent rarement avant 15 heures. Pourtant par rapport aux autres, je bénéficie d'un programme version *light*. Faute de pouvoir exercer, être ergothérapeute me sert tout de même un peu. Mes coreligionnaires me jalousent de ces temps libres. Sans aucun scrupule, j'avoue que j'aime me la couler douce. J'ai beaucoup à faire pour me reconstruire physiquement, même si cela ne se voit pas.

Pour le moment, la bicyclette reste mon moyen de transport de prédilection. Excellent pour la santé, écolo, il joue aussi un rôle particulier : quand je pédale, je me sens vivre libre et laisse mon esprit divaguer, partir dans des culbutes sans fin, des imaginations sans relâche. Je repositionne mes valeurs, mes besoins, mes priorités, ma vie. Comme une horloge mise à l'heure, mon corps se rééquilibre.

Malgré le travail et l'investissement qu'exigent mes études, je ne laisse pas tomber mes amitiés en désuétude. Bien au contraire, je profite des soirées à me régaler d'agapes entre amis qui sont fréquemment suivies de longues discussions nocturnes.

Je dois reconnaître que l'année dernière je n'étais pas dans la même disposition d'esprit. Tout s'arrange parfaitement. La vie a repris un cours nouveau dont je me sens maître. Désormais, ma vie m'appartient.

Mes envies, je les vis, alors je m'active dans le travail en reprenant mes diverses activités. Des petits boulots de convoyage de voitures, des commandes et livraisons aux restaurants, des soutiens au développement de la société d'une amie : je gagne des sous et les économise. La fourmi version la Fontaine ou Picsou quand je suis en ville, je ne claque pas mon argent pour des biens qui, à mes yeux, sont factices ou trop éphémères. Je me restreins dans l'idée d'investir intelligemment un jour et en privilégiant ce qui me tient à cœur : le voyage, les découvertes.

Octobre s'annonce et les arbres sont presque tous dépouillés. J'attends avec grande impatience la consultation de ce mois. Non pas que je sois soucieuse de ma santé mais parce qu'une nouvelle fois, une question me brûle les lèvres. Mon interrogation vient de loin. J'ai joué des nuits entières avec elle en la déclinant sous diverses formes, en envisageant diverses solutions et je ne vois qu'une issue, un oui que j'attends avec hâte. Si elle était une couleur ? Elle serait toutes les couleurs du monde, mais surtout les moments où se confondent les frontières, les horizons, le couchant et le levant. Car se confondre, c'est se rejoindre, se fondre... avec ! Si elle était un moment ? Elle serait tous les moments, elle serait chaque seconde de ma trotteuse. Si elle était un parfum ?... Cette idée exceptionnelle me possède complètement. Pourtant, comment m'organiser pour que tout s'enchaîne comme une succession de dominos ? Est-ce réalisable tout en restant raisonnable ? Et puis bénéficierai-je simplement de l'aval médical primordial pour la suite des oui ? Comme une joueuse de tennis de compétition, je joue un match pour une victoire avec un tournoi final. En moi, je mets tout en place pour gagner, pour atteindre la première marche du podium, je veux le succès. Je dois remporter le grand chelem des accréditations ! Une fois de plus, je vais passer pour une folle aux idées d'hurluberlu. Ne suis-je pas tout simplement une dévoreuse de vie? Cette envie de me dépasser et de mener à bien les projets que j'entreprends est l'essence même de ce qui m'anime. Quand je m'engage, je vais jusqu'au bout et je donne tout, tant que les éléments dépendent de moi.

Ce matin, le réveil sonne à 7 h 45, pas vraiment tôt mais j'ai la flemme de me lever plus tôt pour me rendre à la clinique. Bien qu'ayant cours à 10 heures, j'ai prévenu de mon retard très probable pour cause de consultation. La pharmacologie demeure toujours ma bête noire. Cette fois-ci, contrairement à mon attitude pour les examens, ma leucémie constitue un bon prétexte. Je n'hésite pas à en user, surtout quand je songe à ce cours terriblement pénible dans sa manière d'être donné... Entre le cours à apprendre par cœur et la grande finesse pédagogique du professeur, je ne suis guère motivée. Je ne vais pas là pour apprendre mais pour recopier des notes projetées au mur. Je ne me sens pas la vocation de scribe ni de copiste ! Par ailleurs, délicate et subtile, comme elle l'est, ma professeur m'a demandé, un jour du mois de mars, d'ôter ma casquette. « Une casquette en cours. On aura tout vu. Voilà qui ne se fait pas. Vous devriez savoir à votre âge que c'est extrêmement impoli. Ôtez-moi ce couvre-chef ! » Un grand brouhaha s'élève en guise de protestation. La classe est atterrée par autant de bêtise. Afin d'éviter tout conflit, je retire ma casquette, geste qui donne raison à la bassesse de la remarque. Une touffe énorme de cheveux se dresse sur ma tête, digne du prix de la plus mauvaise coupe de l'année. Je maudis cette absurdité pendant que le silence se rétablit. Le reste du cours passe sans que je puisse prendre une note. Une fois de plus, je remarque que la psychologie n'est pas donnée à tout le monde. Seul le réconfort des élèves met un peu de baume sur mon abrutissement.

Dans la salle d'attente, je mange en guise de petit-déjeuner des spéculos accompagnés d'un sirop de grenadine. Convaincue que le médecin doit acquiescer à mon projet, je conserve toutefois une infime part à l'éventualité négative. En tout cas, je veux un oui et le souhaite de tout cœur. J'ai besoin de cette confirmation essentielle avant de laisser gamberger mes idées pour donner corps au projet.

Enfin, le professeur Zenatience m'appelle. Mon cœur palpite.

La consultation arrive à son terme quand je me lance.

— Professeur, j'ai une fois de plus une question.

— Je t'en prie !

— Vous savez que j'ai toujours de nombreux projets en tête et aujourd'hui, il y en a un qui me tient à cœur plus particulièrement. Si vous me dites oui, il va pouvoir se concrétiser.

— Je t'écoute.

— Eh bien ! je souhaite votre autorisation pour partir six mois en voilier. Départ approximatif début 2001.

— Laetitia, nous verrons bien où ta santé en sera à ce moment-là mais sur le principe, je ne vois aucune objection.

Le souffle coupé, je réalise que le professeur vient de m'accorder mon désir actuel le plus cher. Génial ! Il me dit oui. Mon idée peut se développer sans plus seulement végéter au stade de rêve passager. Je peux poursuivre le processus d'accréditation et cette fois c'est la direction de mon école que je vise. Je ne voudrais pas me mettre en porte-à-faux face à mes études. Toutes les options sont bonnes, je trouverai bien un terrain d'entente qui convienne à mon projet. Ce second oui obtenu m'envoie dans les nuages. Légère comme un oisillon, je tâte concrètement tous les aspects de mon aventure. Je rêve de mille et un paysages, de mille et une rencontres et tout simplement de bonheur dans cette découverte toute nouvelle. Je n'ai jamais mis le pied sur un bateau ! C'est à peine si je connais la signification du mot « naviguer ». Ai-je le pied marin ? C'est le dernier de mes soucis ! J'aviserai, advienne ce qui doit advenir.

La tête dans la lune et les pieds sur terre. Je m'active toujours autant et encore plus depuis ma dernière sortie de l'hôpital. J'ai encore plusieurs factures à vérifier et à régler. Pire, je n'ai aucune nouvelle du dossier déposé auprès de l'administration susceptible de prendre en charge le remboursement du billet d'avion de Ségolène. Où en est le dossier ? Je n'en ai aucune idée. Je dois me mettre à jour et retrouver sa piste avant qu'il finisse sous une pile poussiéreuse dans un grenier abandonné. À présent, la constitution rapide du dossier avec l'assistante sociale semble n'avoir pas servi l'efficacité. Je l'ai envoyé depuis bientôt un an à ma mutuelle (équivalent de la sécurité sociale française) mais n'ai toujours rien perçu. Pas l'ombre d'un centime. Sans nouvelle, je me remets en selle et poursuis l'administration avec la même énergie que pour mes accréditations. *« Vae victis »*, a proclamé César. Avec l'administration, c'est : « Malheur aux gens occupés par des études, un travail… ou autre ! »

Armée de patience, j'appelle le service du ministère concerné par mon dossier où se décide le remboursement. Rien, ils n'ont rien, aucune trace du dossier. Il n'est probablement pas encore arrivé chez eux. Peine perdue, je raccroche et tente alors divers coups de fil entre les différents services de ma mutuelle. Je suis promenée d'un bureau à l'autre comme un pion sur un jeu d'échecs. Enfin, après avoir raconté quatre ou cinq fois mon histoire, je tombe sur une employée compréhensive qui veut bien s'investir et prendre des responsabilités. Cette personne très gentille me donne ses coordonnées et me propose même de me rappeler si, suite à ses recherches dans le courant de l'après-midi, elle a plus d'informations.

Le temps passe un peu et puis, je la rappelle la première. J'ai d'autres informations à lui fournir pour aiguiller ses recherches. J'ai retrouvé des numéros de dossiers et de documents. Cette suite de chiffres l'aide beaucoup ! Dans son univers kafkaïen, elle retrouve le dossier, l'ouvre, le consulte et, pour finir, m'explique que, tout bonnement, il est resté là en plan depuis sa réception. Une simple explication à l'intérieur : personne ne savait quelle personne il concernait ! Mon malheureux dossier a passé une année... au placard ! Eh bien !

La dame au téléphone est aussi étonnée et désolée que moi. Je ne lui en veux absolument pas, elle m'apparaît au contraire comme ma « sauveuse ». Si je suis en rage, c'est bien parce que les responsables du service administratif ont été incapables de me passer un coup de téléphone en retour pour avoir de plus amples détails. Je suis profondément déçue par ce manque de professionnalisme associé à un dilettantisme des plus évidents. Mais voilà, aujourd'hui n'aurait-on pas perdu le sens du mot « travail » ? La conscience professionnelle est-elle aussi au placard ?

Il faut rester en retrait jusqu'à tomber sur une employée volontaire et droite qui efface les incompétences de ses collègues.

Je cesse de râler. De toute façon le combat administratif doit être mené avec calme et résignation. Ma « sauveuse » a déjà découvert ce stupide dossier. Mais aujourd'hui, que dois-je donc faire ? C'est encore elle qui m'explique le processus de reprise de mon dossier. Je dois envoyer une lettre avec divers nouveaux documents, dont une photocopie de ma carte d'identité recto verso. J'adresserai ces nouveaux documents à un responsable dont elle n'a pas encore les coordonnées, mais qu'elle va me transmettre d'ici la fin de la semaine… Très bien ! Je prends note de l'ensemble du processus. Qu'il est agréable de correspondre avec des gens compétents et qui, en plus, tiennent leur parole. Je suis certaine que j'aurai l'adresse d'ici vendredi. Je fais un nouveau pas vers ce remboursement, j'en suis convaincue. Peut-être même sans attendre qu'une nouvelle année s'écoule !

Novembre. Le froid mord le bout des doigts. Un vent siffleur et moqueur s'amuse et fait tournoyer les dernières feuilles brunes qui hantent les trottoirs. Ma visite est excellente. À ma grande joie, le médecin met fin à ces absorptions bihebdomadaires de produit anti rejet. Voilà onze mois que j'ingurgite ce produit au goût infâme. J'ai eu beau l'accompagner de jus de pamplemousse, rien n'y changeait. Pire ! Ne buvant du jus de fruit qu'à cette occasion, les bouteilles se gâtaient… et je conjuguais aux relents du fer l'acidité des agrumes.

Maintenant, plus question de ce liquide affreux et dégoûtant ! S'il a contribué à ma guérison, à soutenir l'acceptation de ma greffe, je dois encourager les futures générations de chercheurs à en améliorer l'ingurgitation en lui conférant quelque saveur agréable en bouche...

Pour finir l'année 2000 en beauté, je veux offrir un cadeau inoubliable à Frédéric.

Aujourd'hui, les élèves heureux considèrent non sans satisfaction l'annulation du cours de pharmacologie au profit d'une réunion d'information sur nos futurs examens de janvier. À peine le programme en main, je mène de rapides calculs... Si je suis motivée et si je sèche quelques cours, j'arrive à prendre deux semaines consécutives de vacances ! Mon esprit s'embrase. Voilà un bon présage. Peut-être que cette fin d'année 2000 va nous être favorable.

Alors que mon instinct m'engage à foncer, je réfléchis avec lucidité pour éviter l'emportement. Avec ma leucémie, je me rétablis mais n'ai pas vraiment droit à l'erreur. Je pèse le pour, le contre et j'évalue les risques si mon projet tourne en mésaventure. Je suis décidée, mais je souhaite la bénédiction médicale.

Les belles journées se raréfient et le ciel hésite entre l'anthracite et l'obscurité. Décembre s'annonce obscur... et Noël approche, enturbanné de papiers brillants, illuminé de lampions comme la préfiguration du solstice d'hiver, victoire de la lumière sur les ténèbres.

J'attends mon rendez-vous de décembre avec impatience.

Journée de rendez-vous, journée de patience. Quand des projets me démangent, je suis prête à soulever des montagnes, à traverser les océans ou à voler les bras en croix autour de la planète. Plus terrible pour mon entourage : j'ai du mal à contenir ma joie exubérante et ma bonne humeur. Ceux que je croise incognito dans la rue, surpris par tant de gaieté – ce qui est devenu peu courant sous nos tropiques ! – me sourient de reconnaissance. Et je trouve cette attitude plutôt agréable. La joie et la bonne humeur ne s'apprennent pas. Mais vivre de joie et d'amour est si excitant que je le redemande chaque jour.

Enfin, le moment de vérité arrive. Sans grand supplice, je n'attends pas longtemps. J'obtiens la réponse que je souhaitais. Trop facile ! Voilà qui n'est presque plus amusant ! Encore une fois, tout va bien. Pour un peu, je craindrais de me lasser d'entendre toujours des bonnes nouvelles !

Je rentre à la maison en vitesse. Je laisse la voiture et je file en ville sur mon cheval d'aluminium à grandes roues. Une agence de voyage, une autre, encore une autre. J'enquête sur le tarif des vols en direction du Golden Gate. Ce ne sont pas les plus avantageux mais je m'en moque, n'est-ce pas Noël ? Et puis, Noël ne sonne pas tous les jours ! Je réserve deux places à mon nom et les confirmerai après-demain au plus tard. Il m'est facile de filer en douce, mais je dois organiser le futur remplacement de Frédéric… à son insu. Être indispensable dans son travail montre à quel point on est compétent et apprécié. En revanche, ne pas pouvoir s'absenter me paraît terrible.

Delphine va être ma complice dans cette histoire. J'ai une confiance absolue en elle. Fidèle amie sur qui je peux compter, je l'appelle et je lui demande si elle pourra gérer les commandes pendant notre absence. Elle réfléchit et étudie la planification de son travail sans état d'âme, ce qui donne à ses décisions beaucoup de justesse. « Laetitia, j'accepte. Je peux te rendre ce service. Tu as bien mérité de partir avec Fred. Profitez-en ! » Folle de joie, je la remercie de tout cœur. Elle serait à mes côtés, elle ne perdrait rien de mes effusions.

Promptement, je retourne à l'agence. Surprise : la vendeuse a encore une meilleure proposition à me faire, à condition que j'augmente le séjour d'une semaine. C'est bien alléchant et très tentant ! J'étudie mon agenda et constate avec une certaine pointe de taquinerie à mon égard que si j'accepte, j'abuse tout de même un peu. Passer d'un séjour de deux à trois semaines fait une sacrée différence… Qui plus est… moi, l'élève consciencieuse qui ne sèche (presque) jamais les cours, je ne nourris désormais plus aucun scrupule. Après mes mois passés dans mon aquarium, j'applique le *carpe diem* à la lettre. Je quitte l'agence avec deux billets en poche et je me tais. Je n'ai informé de cette surprise que Fabienne et Delphine… Il ne me paraît pas nécessaire d'avertir la moitié de la planète, pourtant je voudrais crier et partager ma joie avec tout le monde. Je vais transformer un rêve de Frédéric en réalité.

Mon corps se place résolument sur la ligne de départ, prêt à bondir. Il ne va pas me faire défaut.

Maintenant, j'ai approfondi la connaissance de mon unité corps-esprit. Et je m'émerveille à nouveau : c'est tout de même une machine fabuleuse, le corps humain ! Quels que soient les accidents de parcours, il se bat, lutte pour reprendre le dessus et se reconstruire. La force de la vie se manifeste au quotidien dans un corps. Mes heures de patience, mes faiblesses, l'extrême fatigue, mon combat tout entier et les heures noires du lit d'hôpital remettent à leur place les priorités. Oui, je n'ai jamais douté de la victoire parce que je n'ai jamais douté de mon corps ni de ses capacités, avec l'aide des quelques millions de cellules souches prélevées chez ma sœur et le reste, bien entendu !

Je reste dans l'admiration comme quelqu'un de… sauvé.

J'en suis convaincue : le corps s'exprime. Tout le monde évoque la somatisation, cette capacité à traduire les émotions du psychisme par des manifestations corporelles – messages particuliers. J'y crois profondément car, pour moi, il n'y a pas de fumée sans feu : l'un et l'autre des éléments sont réciproquement cause et conséquence. C'est un enchaînement d'événements. Souvent, nous ne voulons pas l'entendre ou nous ne sommes pas disposés à y prêter attention. Nous ne prenons plus assez de recul sur notre vie. Nous vivons sans comprendre. Le monde et son bruit nous absorbent et nous laissent incapables d'écouter notre for intérieur. C'est au silence des heures d'hôpital que je dois d'avoir découvert cette petite musique de nuit, cette chanson secrète…

Depuis ma sortie, il y a bientôt un an, je réalise un peu combien j'ai grandi et évolué grâce à cette mélodie. J'ai mené mon petit bonhomme de chemin à la découverte de territoires inexplorés. Jamais, je ne m'imaginais tomber malade. Mais qui l'envisage ? Et je ne regrette en rien cette expérience. Avec le recul, je regarde mon expérience des mois passés comme une boîte de chocolat. Dans un ballotin, on goûte des chocolats aux saveurs variées, certains exquis, d'autres amers. Ainsi en va-t-il de notre vie : des moments forts, des moments pénibles et d'autres extraordinaires.

Quand j'y songe, ma leucémie n'a pas été une épreuve qui rime avec souffrance mais avec apprentissage.

Quelle joie ! Mon corps redevient mien et, pour la première fois depuis bien longtemps, je jouis du plaisir sans souffrance. Excitée par tant de perspectives et surtout par l'approche du départ, je trépigne et me languis.

L'horloge sonne 7 h 30. Je me prépare pour mes derniers cours puisque, ce soir, nous serons dans les nuages. Je laisse une part de ma vie sur place, et je serai libre comme l'air, comme un oiseau épris de vent et d'altitude. Seul pensum, j'emmène deux cours dont je dois préparer l'examen pour fin janvier. Mon expression de la liberté ne veut pas faire fi de certaines contraintes, reconnaissons-le. Ces contraintes, ce sont mes choix, donc ma liberté.

Habillée, prête à filer, je dépose un baiser sur la joue de Frédéric encore toute ridée des plis de l'oreiller. Et je lui annonce *in petto* qu'il ferait mieux de se lever car il lui reste huit heures avant de prendre l'avion pour San Francisco. Cette destination à deux dont il a rêvé si souvent devient… réalité. Je le quitte pour mes cours et me demande comment il se comporte ? Je n'ai que quatre heures de cours et je reviens à midi.

Le plus amusant arrive. Je suis très surprise. Frédéric n'a pas bougé d'un poil, il reste toujours sous la couette, des étoiles dans ses yeux qui regardent le ciel bleu. Il n'en croit pas ses oreilles et me demande, le sourire aux lèvres, si ce matin était un rêve ou bien la réalité. « Non, non, tout est bien réel, nous partons pour trois semaines aux États-Unis, direction San-Francisco. » Nous y serons accueillis chez Sabine, ancienne colocataire, qui nous a quittés pour la ville de ses amours. Nous nous sommes rencontrées le jour de ma seconde sortie sur le pas de la porte de la maison. Je quittais l'hôpital et j'avais une nouvelle voisine pleine de surprise, de joie, et remplie de gentillesse.

Les yeux de Frédéric s'écarquillent de seconde en seconde. Incrédulité ? Stupéfaction ?

Je n'en rajoute presque pas.

— Tu ferais mieux de t'activer !

L'avion décolle et me cloue dans mon fauteuil. Sensation d'évasion libératrice. J'adore.

Évidemment, en bonne organisatrice, je me suis arrangée : Sabine nous attend à l'aéroport pour nous conduire chez elle. Je découvre avec étonnement ses furets qui roupillent tous dans la cage, dont l'un dans un hamac. J'aimerais bien les imiter. Après une bonne douche, nous sortons dans le quartier et l'accompagnons à… la laverie ! Il n'y a pas de visite plus utile dans une ville. Cette promenade me rappelle tant de bons souvenirs quand, à la laverie du bas de la rue, nous préparions nos machines avant d'aller nous régaler de tzatziki et de tarama chez le Grec. Les bons souvenirs ne s'oublient jamais. Nous rejoindrons l'infini avec ces visions de simplicité et de tendresse humaine. Regard amusé vers cet homme horrifié qui sort une collection de vêtements déteints. Fallait pas mettre de rouge avec du clair ! Nous filons au restaurant japonais qui allèche nos papilles. Frédéric en est fan, d'autant plus à San Francisco. Nous y retrouvons le petit ami de Sabine et commandons un assortiment de sushi, sashimi et brochettes. Régal de poissons crus et de brochettes aux saveurs authentiques, les restaurants japonais de San Francisco sont très bons et surtout, pas chers. Je mange pour assouvir ma faim et redécouvre une gourmandise effrénée. Mes restrictions alimentaires sont abolies depuis longtemps. Une fois de plus, je savoure la joie de manger en toute liberté.

25 décembre, un an pile. À la même époque, ma sortie tenait de l'hypothèse. Je n'aurais jamais imaginé me trouver à San Francisco à la même date, un an plus tard.

Nous n'avons aucun programme spécifique. Sabine vaque à ses occupations pendant que je pars en balade le long de l'océan accompagnée de Frédéric. Je m'éloigne un peu, m'isole un instant. De plus en plus, j'éprouve le besoin de me retrouver seule avec, pour unique présence, la nature. Je pourrais passer des heures solitaires ainsi. Le souffle du vent, le ressac, le cri des mouettes… Tout dans cette nature crie la vie. La vague s'abat et soulève l'écume en écharpe de dentelles. Que sont nos vies ? Des milliers de vagues ? Je n'en sais rien. Quelle est cette force qui nous soulève et nous voit triompher des épreuves, des maux ? Je ne lui trouve pas d'autre nom que la « vie ».

En ce jour de Noël, dans mon face-à-face solitaire, des larmes de joie coulent sur mes joues. Calme après la tempête, je savoure la simplicité du bonheur de vivre. Un an plus tôt, je quittais ce long couloir sans vouloir regarder derrière moi. Je regardais droit devant, prête à accueillir l'avenir. Pourtant, je revois encore ces visages, larme à l'œil et gorges serrées, secoués de tant d'émotions. Oui, à cet instant, chaque pas me conduisait vers une liberté qui m'appartenait. Comme un oisillon quitte son nid, je renaissais.

Dans l'émotion intense d'une tendresse exprimée par des perles salées, dans l'espérance et l'abandon à l'avenir, j'avance.

En me rappelant ces images qui défilent comme un film, je ne ressens qu'une chaleur de bien-être qui m'irradie. Tant de partages, de gestes accordés, de dons sans compter, tant de difficultés surpassées avec brio et surtout tant de vrais relations. Tous ces actes soufflent à mon cœur que l'humanité existe encore, même dans nos sociétés où seuls l'économie et les résultats financiers semblent dominer. Oui, je sais que l'argent ne sera jamais une valeur de vie, une valeur profonde pour ma vie. J'ai surtout un nouvel allié : le temps ; et je ne compte pas le laisser tomber, consciente de sa valeur infinie. Il résonne dans ma tête comme le carillon d'un clocher, comme les pulsations de mon cœur et me dit : profite et prend le temps de vivre tes désirs.

Seule, face à l'océan, je regarde l'horizon et m'imagine bientôt sur ce voilier traversant le Pacifique entre l'Amérique et l'Océanie. Petite coquille de noix sur une immensité. Mes projets n'en sont qu'à leurs balbutiements et ne sont pas prêts de tarir. Je ne les connais pas encore mais ils sont tout proches, à ma portée, comme ma vie est entre mes mains.

Remerciements

À l'équipe médicale et paramédicale, à mes parents, à mes sœurs Fabienne et Ségolène, à mon frère Henri, à Frédéric, à ma famille, à mes amis, à tous ceux qui ont contribué à ma sortie victorieuse.

À Christophe Rémond pour m'avoir fait confiance et donné la possibilité de partager mon expérience.

Table

Pour en savoir plus sur les dons :

www.transfusion.be
www.france-adot.org

Pour entrer en contact avec l'auteur :

titivde@yahoo.fr

Achevé d'imprimer sur les presses de

BUSSIÈRE

GROUPE CPI

à Saint-Amand-Montrond (Cher)
en septembre 2007

Composé par Nord Compo
à Villeneuve-d'Ascq

N° d'édition : 296. — N° d'impression : 072952/1.
Dépôt légal : septembre 2007.

Imprimé en France